ZHONGGUANCUNXUANLÜ

中关村旋律

——中关村创业案例集

中关村科技园区管理委员会
中国青年报社 编著

中国出版集团公司
華文出版社

图书在版编目（CIP）数据

中关村旋律 / 中关村科技园区管理委员会，中国青年报社编著. -- 北京 ：华文出版社，2018.12
ISBN 978-7-5075-5052-8

Ⅰ. ①中… Ⅱ. ①中… ②中… Ⅲ. ①高技术开发区－概况－海淀区 Ⅳ. ①F127.13

中国版本图书馆CIP数据核字(2018)第289770号

中关村旋律
ZHONGGUANCUN XUANLÜ

编　　著：中关村科技园区管理委员会　中国青年报社
责任编辑：王思惠
出版发行：华文出版社
社　　址：北京市西城区广外大街 305 号 8 区 2 号楼
邮政编码：100055
网　　址：http://www.hwcbs.com.cn
电子信箱：sinoculturepress@yahoo.com
电　　话：总 编 室 010-58336239　发 行 部 010-58336270
　　　　　责任编辑 010-58336209
经　　销：新华书店
印　　刷：三河市百福春印刷有限公司
开　　本：710×1000　1/16
印　　张：10.5
字　　数：117 千字
版　　次：2018 年 12 月第 1 版
印　　次：2018 年 12 月第 1 次印刷
标准书号：ISBN 978-7-5075-5052-8
定　　价：58.00 元

目录

1

第一章 生命的律动

爱博诺德

为患者制造质优价廉的人工晶体

主讲人介绍：

解江冰，男，1972 年出生，美国加州大学戴维斯分校理学博士，教授级高级工程师。昌平区工商联副主席、政协委员，现任爱博诺德（北京）医疗科技有限公司董事长兼总经理。

解江冰在美国博士毕业后曾在世界500强企业任首席科学家。2010年，经过对国内的考察，他毅然决定放弃已经获得的高薪职位和优越的生活条件回国创业。2012年他先后入选中组部“千人计划”和北京市“海聚工程”专家人才，并先后成为北京市和国家特聘专家。被中关村管委会评为2012年“十大海归新星”，2015年被评为“北京市劳动模范”。2016年，解江冰入选北京市百千万人才工程，并担任中国侨联新侨创新创业联盟理事、北京市侨联特聘专家。

解江冰是集眼科生物材料领域的研发经验和在世界五百强企业管理实践经验于一身的海外人才。他带领以国内高校培养的博士、硕士生为主组建的本土化研发团队，生产出国内首款自主研发的可折叠疏水性非球面人工晶状体，并于2014年7月获得CFDA注册批准上市。2016年，该产品销售已经覆盖全国200多家眼科医院，被白内障手术医生普遍认可，实现产值近五千万。

在演讲之前，我先跟大家讲一个真实的故事。第二次世界大战期间，一位飞行员的机舱盖被炮弹震碎了，碎片溅入了飞行员的眼睛。但英国医生哈罗德·里德利惊讶地发现，飞行员并没有产生“异物反应”。碎片的材质是有机玻璃（PMMA），这就是世界上第一枚“可植入人眼的人工晶体”的由来。

创业初衷是为国人治疗眼疾

人眼内的晶体相当于相机的镜头，但随着年龄增长，这个镜头开始变得模糊不清，直到光线无法进入眼睛里，就形成了白内障。

在治疗白内障的方法中，中国古代有针拨术，将晶体拨个孔，让一点点光线漏进去。如今，医学发明了人工晶体，只要替换人眼中原有的晶体就可以让患者复明。

我从美国加州大学戴维斯分校博士毕业后，进入世界 500 强美国雅培公司，一干就是 7 年，从基层研究员做到了首席科学家，原以为从此可以在美国安逸地生活下去，但突然有一天，一组来自世界卫生组织的消息吸引了我，并最终改变了我的人生轨迹。

我现在还清楚地记得那组数据，每百万白内障患者获得手术量，美国突破 8000，印度突破 6000，越南达到 2000，而中国刚刚突破 1000。在这个领域，我们落后国外太多了。

在中国做一台白内障手术为何这么难？我专门回国考察寻找答案，我发现，除了医疗资源配置不到位，更重要的原因是人工晶体被国外垄断，高端的晶体每片近万元，昂贵的价格挡住了不少患者的复明之路。

在生产人工晶体方面，美国的企业已经非常成熟，跟产品直接相关的专利就有 1579 项。在这些专利壁垒下，国内企业很难再去生产自己的产品，医院不得不购买国外产品。

而另一方面，我国白内障患者达到 500 万人，每年新增超过 40 万人，这让人工晶体成为目前眼科领域最主要和产值最高的生物材料，可这一市场又长期被国外垄断，国内患者在做白内障手术时没有选择余地。

市场和技术的垄断，不仅给患者造成了经济负担，也推高了国家采购的经费支出。例如，我国在对非洲国家进行医疗支援，以及服务国内贫困地区病人时，治疗白内障采用的人工晶体也都是国外进口的。如此一来，不仅加重了国家财政负担，还等于给国外产品做了宣传。

回想十几年前，我是怀着“美国梦”，一路经过托福、GRE、申请奖学金、签证等一道道关口，才踏上了赴美求学之路。毕业后，我找到了工作、买了房子、有了孩子、日子终于安定下来。但那次回国考察的所见所感，让我心中的“美国梦”变为了坚定的“中国梦”。

作为一个材料学博士和科学家，不能用自己的知识为国家做贡献，我深感痛心，所以，我发誓一定要用自己所学去改变这种局面，打破国外技术壁垒，研发民族品牌的人工晶体。于是，2010 年，我做出了回国创业的决定。

回国创业不是最早一批，但回来的恰逢其时

当初，我选择在中关村昌平园创业，最看重的是北京市、中关村成

熟配套的创业支持政策和昌平区医药科技企业聚集的环境氛围。

因为人工晶体的研发和生产对加工的精密度要求较高，车间地基要非常稳固，无地下室的厂房结构才适合作为生产车间，为了能挑选到符合要求的场地，创业园给予了我很多帮助，让我任意挑选，直到满意为止。

众所周知，在中国做医疗器械需要漫长的研发、临床和审批过程，同时也需要大量的资金投入。2011 年，我获得了“高层次留学人才回国工作资助”项目 5 万元支持；2012 年，又得到“留学人员创业启动支持计划”20 万元奖励支持。对于一个留创企业来说，这些支持的意义不亚于天使投资。

我常常对人说，我回国创业不是最早的一批，但回来得恰逢其时。2011 年 3 月，国家出台了《关于中关村国家自主创新示范区建设人才特区的若干意见》，那时候，中关村留学归国创业人才超过 1.5 万人，创办企业超过 6000 家。海归创业进入黄金时代。

2012 年，我入选第七批“千人计划”和第五批“海聚工程”专家人才，其后还被破格评为教授级高级工程师。中组部、北京市委组织部和北京市人力社保局给予我的这些荣誉和资质，起到了对一个初创企业创新创业实力背书的作用。

用“背书”形容政府对留创企业的帮扶一点不过分。

我的公司是在 2010 年创建的，刚才也提到，美国在人工晶体领域已经申请了 1000 多项专利，所以公司前期处于一个很长的科研攻关阶段，第一款产品拿到注册证进入市场是在 4 年后了。

在这 4 年期间，公司获得了中关村发展集团 600 万元的政府政策性股权融资支持。此外，还得到了中关村给留学归国人才创业企业优先提供的融资担保、贷款贴息等金融支持。北京市人力社保局还对我本人创业落户和公司引进人才进京指标方面给予了支持，昌平区人力社保局连续3年补贴了公司经营场地租金。

产品问世打破国外长期垄断

早期的时候，白内障手术使用的是人工硬晶体，手术难度大，对患者的创伤也较大，已经被发达国家淘汰，但在我国，还有30%的白内障手术使用的是硬晶体，剩下的软晶体全部由国外进口。

所以，我们一开始就选择“一步到位”——制造高端的非球面可折叠人工晶体。高门槛抬高了公司各项成本，延长了研发周期，可一旦研发成功，就能够打破国外垄断，降低国内患者的医疗费用。

2014年7月，公司第一款核心产品普诺明A1-UV上市，成功打破了软性高端折叠人工晶状体的国际垄断，这也是国内唯一拥有自主知识产权的民族品牌可折叠人工晶体。

目前，这款产品销售已经覆盖全国400多家眼科医院，实际植入例数超过10万例，价格比国际同类产品低30% ~ 50%。

由于国产软式晶体的入市，国外的同类产品价格出现回落，以应对国产晶体的挑战。这样一来，国内白内障患者不管选择国外晶状体还是国内晶状体都能受益。而且医院反馈，患者使用国产人工晶体的效果与国外同类产品并无二致，因为中国晶体的生物相容性、视觉质量更好，并且更适合中国患者。

这些说起来容易，做起来都需要另起炉灶，避开国外重重专利的阻挡，从晶体材料，到光学设计都需要创新。在材料上，国产晶体使用的是疏水性丙烯酸酯，是我研发的一种全新配方；在光学设计上，国产晶体独创了高次非球面技术，比国外产品的非球面技术有了多方位的突破。我们的高次非球面技术被国际认可，被命名为“第三代非球面技术”。现在，国外公司在模仿我们的技术生产晶状体。

从学习别人到被别人效仿，这个过程足以证明中国企业有能力在“高精尖”行业战胜国外企业。

青年人才挑大梁

一枚小小的人工晶体，需要经过非常复杂的研发系统和生产工序才能被制造出来。很多人以为我们公司的科研团队有国外科学家，或者是以经验丰富的中年科学家为主。你们都猜错了，在公司，我算是年龄最大的科研人员，剩下的科研人员都是“80后”和“90后”。

有的科研人员起初对医学一无所知，例如，公司的“80后”技术总监王曌，在设计出高次非球面技术之前，她对人工晶体是什么都不清楚。

在2010年公司成立之初，我在网上看到了一个小姑娘的应聘简历，看到她是哈工大光学专业的博士，就给她打电话让她来面试。其实，她当时已经有两个保底的工作了，一个是导师推荐的在大连某高校任教，一个是南方的一家大企业。

我就想，怎么才能说服她留下来？2010年11月4日，她来公司面试，我对她说，人眼就是一个光学系统，有关眼科的产品都跟光学设计有关，而在国内外眼科领域，却非常缺乏光学专业背景的研究人才。未来你设计的产品将会植入千万个眼科患者的眼内，无数人重见光明足以证明你的价值。

或许是这段话打动了她，随后，这个叫王婴的姑娘留在公司负责软式晶体的光学设计。她不仅从没有接触过眼科，还需要绕开现有的国外专利去创造新的设计，难度可想而知。有一天快下班的时候，她突然闯进了我的办公室，兴奋地说："解总，我终于想清楚了，我确信可以把产品做出来！"

虽然她说得很肯定，但产品从想法到生产出来，这个过程存在的不确定因素太多了。可我还是选择相信她，对年轻人要有容错机制，我当即拍板购买了几百万元的精密机床，投入到新产品的研发生产当中。

事实也印证我的决断是正确的。王婴带领一支由 20 几个"80 后""90 后"光学、工程学博士、硕士组成的研发团队设计出了高次非

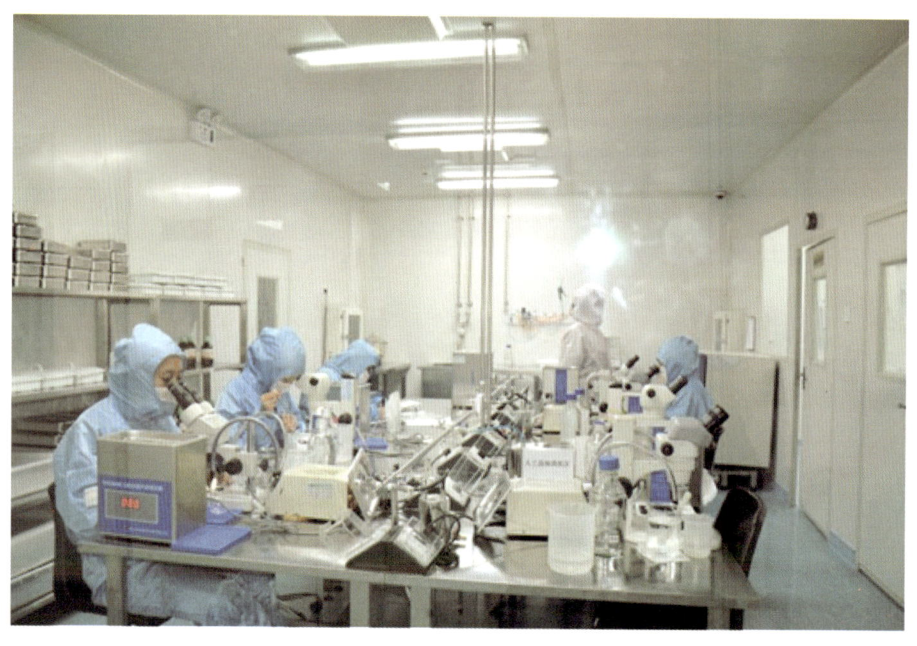

球面人工晶体、后凸面形三点稳固式结构、0色差衍射型多焦点人工晶体，这些技术不仅追平了国外的软式人工晶体，还实现了跨代超越！

2015年，王婴通过北京市双高人才引进政策落户北京，还被评为“北京市科技新星”和“北京市青年骨干人才”。她经常跟我感慨，民营科技企业不拘一格的科研氛围和条件是她成功的关键。

公司简介：

爱博诺德（北京）医疗科技有限公司是由国家“千人计划”特聘专家解江冰博士创办的国家级高新技术企业。公司以研发生产完全自主创新、民族品牌的白内障人工晶体为起点，目标是开发全系列眼科医疗产品，包括植入类眼科耗材、手术器械、手术设备、眼视光产品、眼科药品等系列产品，覆盖白内障、青光眼、眼视光等诸多领域，成为引领国内、国际先进的眼科医疗领域领军企业。

公司拥有GMP标准的研发和生产环境，配备国际先进的科研、生产设备，建成了包括化学、光学、机械等各专业的实验室、检测室。已形成以解江冰博士为核心的多学科海内外专家组成的专业技术团队。自成立以来，公司承担了包括北京市重大科技成果转化和产业项目、北京市科技计划等多项北京市级科技项目，还承担或参与了国家自然科学基金、科技部创新基金、火炬计划等国家级项目。自主创新成果已申请专利80多项，在中国国家专利局同类专利申请量中位居第一。2017年，公司科研团队以“高次非球面人工晶体关键技术、系统与临床应用项目”获得2016年度北京科学技术奖二等奖。

以“普诺明”一件式高次非球面人工晶体为代表的，拥有完全自主知识产权的一批三类和二类眼科医疗器械已经获得国家食药监总局批准注册，并且通过覆盖全国的销售网络，为中国的眼科医生和患者提供世界前沿的技术和服务。公司先后获得由清华启迪创投基金、美国富达(Fidelity)基金等国内外知名投资机构的风险投资，2014年被创投机构权威数据平台评为“最具投资价值企业50强”。

爱博诺德坚持“以创新为动力，以质量求生存”的经营方针，崇尚“创新进取，开放和谐，诚信求实，共享成果”的企业核心价值观。通过自主创新民族品牌的眼科医疗产品达到国际先进水平，实现替代进口。爱博诺德已经成为引领国内眼科医疗技术的支柱企业，并将代表“中国制造”新力量跻身国际先进医疗企业行列。

发展大事记：

2010 年　爱博诺德公司成立。

2012 年　中关村新锐企业十强；

北京市专利试点企业；

中关村国家自主创新示范区金种子工程企业。

2013 年　眼科生物材料与诊断技术北京市工程实验室；

中关村高新技术企业。

2014 年　1 月，人工晶状体和人工晶状体植入系统获 CE 认证；

7 月，第一代产品普诺明高次非球面人工晶体获 CFDA 注册证；

北京市级企业科技研究开发机构；

清科“2014 年第九届中国最具投资价值企业 50 强”；

全资子公司爱博诺德（苏州）医疗器械有限公司成立。

2015 年　国家高新技术企业；

科技部批准为“国家火炬计划产业化示范项目”；

北京市新技术新产品（服务）证书；

首批“军地共建北京创新医疗产品临床评价应用基地”挂牌企业；

入选国务院“2015 年全国大众创业万众创新活动周”主会场展示项目；

普诺明 A2-UV 获 CFDA 注册变更批件。

2016 年　全国“两会”期间接受新华社专访报道；

荣获中华全国归国华侨联合会“第六届中国侨界贡献（创新成

果）奖”；

人力资源和社会保障部全国博士后管委会认定“博士后科研工作站”；

北京市总工会、北京市人力资源和社会保障局授予“首都劳动奖状”；

入选北京市生物医药产业跨越发展工程（G20）工程—创新引领企业被中关村管委会评为中关村前沿技术企业；

入展昌平区“高精尖”创新产品和创业项目，受到北京市委书记、市长关注；

陆续参加国家援助非洲喀麦隆、刚果希、苏丹、科摩罗等国“光明行”。

2016 年　9 月，普诺明 Toric 唯一肝素表面改性散光矫正型人工晶体获 CFDA 注册证。

2017 年　“高次非球面人工晶体”项目获得 2016 年度北京市科学技术奖二等奖。

百济神州

用全球化资源实现中国创新

主讲人介绍：

沈志荣博士，副研究员，百济神州公司生物标志物与转化研究高级总监。师从美国科学院院士、中国科学院外籍院士、北京生命科学研究所所长王晓东博士，于 2010 年 12 月在美国德州大学西南医学中心获得基础生物医学博士学位。2011 年 7 月全职回国，曾任北京生命科学研究所代谢组学中心

主任、上海交大系统生物医学研究中心特聘研究员。

沈志荣博士，在癌症机理和抗癌药物研发领域从业10余年，主要从事细胞凋亡、坏死及与肺癌发生发展的机理研究。在国际顶级期刊《细胞》（《Cell》）、《自然》（《Nature》）、《化学生物学》（《Cell Chemical Biology》）及《美国科学院院报》（《PNAS》）等刊物发表多篇重要论文，其中6篇为第一作者或通讯作者，并应邀在多个国际会议做特邀报告。

沈志荣博士主持、参与省部级项目3项，任中国医疗保健国际交流促进会分会委员，获得北京海外高层次人才、北京市科技新星、北京市青年拔尖人才等荣誉。

百济神州是一家植根中国的全球性商业化生物医药公司，致力于成为分子靶向药物和免疫肿瘤药物研发，及商业创新领域的全球领导者。截至目前，公司在全球各地拥有超过 900 名员工，其中包括中国、美国和澳大利亚的近 500 名科学家及临床医学专家。

全球化的研发团队

百济神州成立之初，对自己的战略定位就是做高端肿瘤药，为全球患者提供最好的肿瘤药产品,因此百济神州对于临床团队的要求也是“同类最优（best-in-class）”。

尽管总部设在国内，但为了汇集全球领域的科研人才，公司又在美国、澳大利亚等国家设立了海外研发机构。

目前中国新药开发仍处于起步阶段，主导临床项目的人才相对紧缺，美国这方面人才相对较多。百济神州的全球临床开发中心于2015年成立，美国团队约有 200 人，分布在新泽西州、马萨诸塞州和加利福尼亚州，其中超过 10% 来自原基因泰克癌症研发团队。

百济神州全球化的科研团队布局，让公司拥有了世界级水平的研发能力。比如：涵盖分子靶向及免疫肿瘤疗法药物的在研管线产品组合，以及丰富的项目技术储备；具备全球研发能力、高产的新药开发团队，及世界一流的科学顾问委员会团队；中国和全球同步开展注册性临床试验；在中国本土已拥有苏州和广州两大生产基地。

截至目前，百济神州正在全球范围开展数十项临床试验，其中已经启动和即将启动的国际多中心 III 期研究和关键性 II 期研究多达 14 项，开发进度最快的 Zanubrutinib (BGB-3111) 和 Tislelizumab (BGB-A317) 预计在 2018 年分别向 FDA 和 CFDA 提交上市申请。

同时，借助强大资金支持，百济神州也从外部引进新产品，补强产品管线，包括 2018 年 1 月从美国 Mirati Therapeutics 公司引进 Sitravatinib 在亚洲（日本除外）、澳大利亚和新西兰的开发、生产和商业化的独家权益。

生物制药领域实现弯道超车

百济神州当初选在中国成立公司，是因为国内良好的创业、创新环境。国内医疗改革为生物制药的发展提供了很好的机遇，政策准入放宽，企业面对的临床研发市场规模有望翻倍。

2017 年 10 月，国家发布《关于深化审评审批制度改革鼓励药品医疗器械创新的意见》，对深化审评审批制度改革鼓励药品医疗器械创新进行了全面的阐述，明确提出改革临床试验管理相关的 8 项意见，进一步放宽准入政策，吸引企业来华进行临床试验。

全球范围来看，每年美国、欧洲以及日本三个地区癌症新增人数大约为四百万人。如果企业现在立刻在中国开始临床试验，会发现企业所面对的市场规模不止翻了一倍（据国家癌症中心发布的《2017 中国城市癌症最新数据报告》统计，2017 年中国每天约 1 万人确诊癌症）。

作为一家在中国及全球市场同步开展注册性临床试验的公司，百济神州在这一市场中拥有独特优势。相较其他药企，百济神州是跨国药企中最了解中国市场，同时是中国企业中最具备全球研发能力的企业。

百济神州能够走向国际，有三点优势。首先是产品本身的竞争力，以 Zanubrutinib 为例，头对头的临床数据相比已经上市的同类产品更有竞争优势；其次是人才的竞争力，百济神州在国外建立了大规模的研发团队，为产品的海外开发提供支持，这在中国公司中非常少见；最后是成功的商业运作能力，百济神州通过与外部公司的合作，强化自身将产品推向全球的能力。

与全球生物制药巨头新基医药达成战略合作，就是公司全球化战略的一环。本次战略性合作涉及的百济神州在研产品 Tislelizumab，在亚洲市场有更多的适应证，更多的病人将从中获益。

此外，百济神州把新基的商业平台及其在中国的商业团队接管过来，整合成为百济神州的商业团队，以此为基础建立更大的商业平台，促进公司更加全面的发展，大大加快了百济神州从研发阶段的生物技术公司转型为集研发、生产、销售为一体的综合性制药企业的进程。

同新基合作，百济神州除了获得合计 4.13 亿美元的授权许可预付款和股权投资之外，还有资格获得额外 9.8 亿美元的基于开发、药政和销售的里程碑付款，以及 Tislelizumab 的未来销售版税。

首个赴美上市的中国创新型生物制药公司

除了药品研发团队实现全球化，公司的资本运作也将眼光放在国外市场。百济神州是首个赴美上市的中国创新型生物制药公司。

2016 年 2 月，百济神州在美国首次公开募股（IPO），发行首日大涨

18% 收于 28.32 美元。募资金额一路攀升，直接带动了产品研发进度。

虽然百济神州现在动辄就谈上亿元的项目，但其实也有过一段艰难的日子。公司成立之初，研发的四五个项目都失败了，企业最困难的时候账上只有 1 万多元……

一家伟大企业的市值一定是来源于价值创造，融资不是最终目的。百济神州的资金最主要的用途是内部管线的投资，即临床的研发与投资。首先，医药是投资量非常大的项目，一项三期临床可能会需要几千万甚至上亿美元的规模；第二，在准备上市、准备注册，包括生产的阶段，也需要投入大量资金;第三，扩大临床团队，实现公司的继续发展;最后，是继续同国际公司展开更多的合作，尤其是把国外公司产品的权利拿到中国来，进一步实现商业扩展。

百济神州的目标是把产品推向市场，让患者早日用到疗效更好的新产品，同时令投资者得到回报。之所以要融资，很大程度上源于医药发

展是一个资金需求量非常大的行业。实现成功募资，对于产品研发非常有利，百济神州目前已经宣布 14 个 III 期或者是关键性 II 期国际多中心临床研究项目已启动或是准备启动，这也正说明百济神州领先的研发能力与出色的商业运作相得益彰，令投资者对百济神州的未来发展充满信心。

另外，相比同类企业，百济神州的独特优势在于，不仅仅拥有“出色的大脑”，在世界级的研发能力之外，百济神州还拥有“强壮的躯干和四肢”——公司只用了七年多时间，就通过成功的商业运营策略，成为一家具有全面能力的公司。百济神州建立后，从早期的研发、临床前的及实验室的研究开始，通过全球的临床布局将产品向前推进，之后建立了符合美国、欧盟和中国设计标准的生产基地，同时通过与新基的战略合作拥有了成熟的商业平台和商业团队，可以为百济神州的产品上市做好准备。

公司简介：

百济神州是一家植根中国的全球性商业化生物制药公司，致力于成为分子靶向药物和肿瘤免疫药物研发领域，以及商业化创新领域的全球领导者。目前百济神州拥有7款在研管线药物，其中包括3款已进入临床后期阶段的自主研发药物：业界领先的小分子BTK抑制剂——Zanubrutinib（BGB-3111）和针对免疫检查点受体（PD-1）的人源化单克隆抗体——Tislelizumab（BGB-A317），以及针对PARP1和PARP2的小分子抑制剂——Pamiparib (BGB-290)这款探索性产品。

2017年，百济神州与新基公司达成战略合作伙伴关系，使得百济神州过渡为商业化阶段的公司，拓展了公司的临床开发项目，引进了3款商业化产品，并为内部开发产品未来在中国的商业化做好准备。2018年1月，百济神州与Mirati公司签订了Sitravatinib在亚太地区的独家授权协议，进一步拓宽了公司的产品组合。

目前，百济神州在全球拥有超过1100名员工，包括在中国、美国、澳大利亚和瑞士的超过650名科学家及临床医学专家。

公司在中国的北京、上海；美国的马萨诸塞州Cambridge，新泽西州Fort Lee和加利福尼亚州旧金山Emeryville和San Mateo，瑞士的巴塞尔均设有办事机构。此外，百济神州在中国大陆还拥有位于北京的研发中心，苏州、广州两大生产基地，以及在上海的商业运营中心。

发展大事记：

2010 年　公司成立。

2011 年　默沙东投资 2 千万美元；

4 月，开始了 RAF、产品代码 BGB-283（Lifirafenib）和 PARP，产品代码 BGB-290（Pamiparib）的项目。

2012 年　2 月，开始了 PD-1 研究项目、产品代号 BGB-A317（Tislelizumab）；

7 月，开始了 BTK 研究项目、产品代号 BGB-3111（Zanubrutinib）。

2013 年　与德国默克达成 Lifirafenib 和 Pamiparib 协作；

11 月，lifira-fenib 在澳大利亚进入临床。

2014 年　7 月，Pamiparib 在澳大利亚进入临床；

8 月，Zanubrutinib 在澳大利亚进入临床；

11 月，获首轮私募股权国内外投资 0.75 亿美元。

2015 年　4 月，第二轮融资 0.97 亿美元；

6 月，Tislelizumab 在澳大利亚进入临床；

10 月，成立在美国的首个办公室，Lifirafenib 在中国进入临床。

2016 年　2 月，以 1.82 亿美金在纳斯达克首次公开募股；

7 月，Zanubrutinib 在中国进入临床；

11 月，融资 2.12 亿美元；

12 月，Pamiparib 和 Tislelizumab 在中国进入临床。

2017 年　3 月，广州生物制剂生产基地动工，开展 Zanubrutinib 的全球 3 期注册试验；

9 月，与 Celgene 全球战略合作正式进入运营阶段；

11 月，苏州小分子药物生产基地落成。

2018 年　1 月，和 Mirati 公司达成合作，百济神州获得 Sitravatinib 在亚洲（日本除外）、澳大利亚和新西兰的开发、生产和商业化的独家权益；

完成 8 亿美元公开募股，创 5 年来全球生物技术领域募资金额第三高；

2 月，维达莎在中国上市并开始销售，瑞复美在中国获批新诊断多发性骨髓瘤适应证；

5 月，设立瑞士巴塞尔办事处，欧洲业务布局全面启动。

固圣生物

创新是创业公司生存的根本

主讲人介绍：

张琳，男，生于1972年。清华大学博士，固圣生物总经理。1991年—1996年就读于清华大学机械工程系，于1996年获得学士学位并于同年保送到清华大学核能技术研究院直接攻读博士学位，研究方向为生物材料的三维快速成型，于2001年获得博士学位。毕业后，张琳博士先是加入了北京博方生物医用材料有限公司，负责人工髋关节以及人工骨的研发，随后创立了北京海森生物科技有限公司，担任总经理。2011年，张琳博士参与创立了北京固圣生物科

技有限公司，担任总经理。

张琳博士具有深厚的专业背景与优秀的科研能力，同时具备丰富的行业管理经验。对医疗器械产品的注册、研发、生产和管理都有着丰富的实践经验，具备“医疗器械质量管理体系内审员”“医疗器械风险管理”“无菌医疗器械生产企业质量管理和检验人员培训”等培训经验及相关资质。另外，张琳博士非常熟悉医疗器械行业的特殊性，对医疗器械行业的发展趋势与商业规律有着深刻认识与精准把握。

北京固圣生物科技有限公司，是一家技术引导型的企业，主要从事骨科医疗器械的研发。我们是一个正处于成长期的企业，2011 年创立，有三个创始人，除了我之外，还有清华大学著名的博士生导师田杰谟教授，目前是公司的首席科学家，以及曹小刚博士——毕业于清华大学，他是我的师弟，目前担任公司的副总经理。我们都是田教授的学生。我们现在正在做的是外科植入用陶瓷髋关节假体的研发和生产，公司已经掌握了目前国际最先进的陶瓷髋关节假体制造技术，并且即将进入批量生产阶段。

创业是为了打破国外垄断

回溯我们公司的历史，其实可以从 20 世纪 90 年代说起。那个时候，我国还没有人工关节的技术，一些专家和院士希望我们自己能掌握技术，但掌握技术最核心的问题就是材料，而材料中最核心的是陶瓷材料。需要用陶瓷制作陶瓷股骨头，来作为关节转动的核心，这就需要陶瓷股骨头要抗冲击、抗磨损。为了解决这个问题，田教授和几位国内的院士开始了陶瓷髋关节材料的研究工作。探索和研究的过程是困难且漫长的，直到 2000 年我国才做出了陶瓷髋关节假体的样品，陶瓷材料的制作技术也逐步提高。直到 2011 年,有人愿意投资将陶瓷髋关节假体技术产业化，所以我们成立了公司，我也从其他医疗器械公司离职加入固圣初创团队。

我 1991 年考入清华大学，2000 年博士毕业，在清华度过了九年半的时光，博士专业是生物医用材料，毕业后也一直从事医疗器械相关工作。为什么要成立这个公司？有市场需求，也有情怀。

第一，目前我国的人工髋关节市场主要被国外垄断。在植入型髋关节市场中，尽管国产产品的价格是进口产品的四分之一，但国产髋关节的销售额却仅有进口关节的三分之一。为什么出现这样的情况？这就与国产髋关节的质量相关。

目前，我国生产的人工髋关节主要是模仿国外的髋关节制造而成，就是国外出了什么样的产品，我们拿来进行模仿，生产出类似的。但其中有一个问题，就是我们模仿的东西是人家 10 年前或 20 年前的，无法模仿人家的核心技术，所以造成目前国产髋关节的质量较差。当人工髋关节植入人体后，国产的大约 10 年就需要进行更换，而进口髋关节可以维持 20 年。在这样质量优势很明显的情况下，即使国产髋关节价格有很大优势，但患者仍然愿意选择质量更好、使用周期更长的进口髋关节。

与此同时，国产髋关节的生产也受制于材料供应方。之前我提到过，制作人工髋关节的重要材料是陶瓷。陶瓷制成的陶瓷股骨头是人工关节中最重要的组成部分，因为有它髋关节才能转动。目前，世界上大部分人工髋关节的陶瓷材料都需要向德国的一家公司进口，只有这家公司有这个技术，这家公司的市场份额占比达 90%。毫无疑问的，国内人工髋关节生产厂家也需要向这家公司进口。由于这家企业的市场地位高，可以说形成了垄断，因此陶瓷股骨头的价格也是由他们来定。

生产髋关节的企业前期要做很多准备和测试。要经过实验、制作样品、检测等程序之后才投入批量生产，而前期的花费也是一笔不小的费用，一般需要几千万的投入。所以当企业前期的准备工作都做好，拿到产品注册证可以批量生产的时候，如果德国的陶瓷供应商涨价了，那么企业也得被动接受。如果不买这些材料，前期的几千万也是打水漂的，所以对于生产企业来说是非常被动且不利的。

第二，在成立公司前，我曾经去走访了多家民营医疗器械生产厂家。走访的过程让我至今难忘。一个个小型的手工作坊就是要植入到人体的医疗器械出生地，厂房里满是油污，黑黢黢的，加工方式比较落后。看到这个我心里挺不是滋味的，在医疗行业这么多年，我也希望患者用到的产品是好的，至少是安全有效、有保障的。

基于这些原因，我们决定将我们的技术转化成产品，让更多人受益，所以成立了固圣生物科技有限公司。

用工匠精神雕琢人造关节

从技术到产品是一个缓慢的过程，需要不断的实验、测试、评估，等等。这个过程是漫长且痛苦的。从 2011 年成立公司到现在，我们一直处于研发试验阶段，没有盈利，靠着公司成立时的 5000 万投资运转着。最困难的时候我们一度无法给员工发工资，拖欠了将近半年，好在团队的心在一起，最后创始人几乎把所有的家底都掏了出来维持着公司的运营。

我们当然为此付出了不少心血。当时我们经过多次试验做出了陶瓷股骨头的样品，并且进行了批量生产。同样的数据、同样的制作条件和同样的工艺，本来我们是怀着激动的心情迎接第一批样品的到来，以检测他们的相关性能，但是成品出来后，有七八个陶瓷球是裂开的。这意味着没有裂开的陶瓷球可能内部也已经产生裂缝，也意味着我们这批产品是失败的。陶瓷球里面有裂缝怎么能使用呢？

当时我很纳闷，到底是哪里出了问题？技术、操作、顺序都和实验时候的一模一样。我和师弟都很着急，那段时间我俩泡在实验室哪都没去，不分白天黑夜的进行测试，找原因。一个多星期后我们终于找到了问题所在，但这次失败对我们心里的冲击还是很大的。

对于我们来说，最难的是检测和临床阶段。这更需要耐心和定力来等待，每个检测不是几天就能做好的，有些需要半年甚至一年的时间。但这些检测我们必须要做，尽管我们知道我们的技术可以做出很好的陶瓷股骨头，但我们需要有说服力的数据。

根据不同检测结果来看，我们的陶瓷股骨头性能是领先的。评价陶瓷球有三个标准：一是磨损程度，二是抗压程度，三是冲击韧性。通过检测，我们的陶瓷球每百万次磨损量是 0.6 毫克左右，而国际上目前最好的陶器球每百万次磨损量是 5 毫克左右。这也证明我们的产品植入体内可以长达 20 年甚至更久不需更换。固圣的陶瓷球抗压性可以达到 7 吨，最多能达到 10 吨，而我们竞争对手能承受的静压只有 5 吨；固圣的陶瓷球从 2 层楼的高处摔下来根本不会碎，连坑都没有，冲击韧性超竞争对手两倍左右。拿到这些数据，我们心里就有谱了。最初我们的计划是不低于进口产品，但现在我们远超了他们，我们的产品市场可以说是非常可观。

但是，生活也经常给人意外的惊喜。2015 年的时候，我们做了生物学性能测试。这个测试主要是检测产品到生物体内是否会有毒性，需要将产品植入测试生物的体内一年的时间，再将产品从生物体内取出，进行切片化验是否有毒性。一年之后，我接到检测中心打来的电话，他们告诉我“实验失败了”。我接到电话脑子“嗡”的一下，实验失败了？是我们的产品不合格有毒性？如果有毒性，这就证明之前测出的那些远超于竞争对手的数据都是没用的，再好的东西也不能植入体内啊！我平静之后详细地问了怎么回事，对方给我答复说，由于我们的产品生物性能太好，已经和实验生物体内的组织长到了一起，在将产品从生物体内取出的过程中，生物体本身的组织被携带出来，污染了实验棒，因此没法做切片实验，需要重新再做一遍。听到这个解释我松了一大口气，原来不是产品有问题，而是我们的产品性能太好了。虽然很开心，但我们也不得不再等一年重新做实验，这个数据还是要拿到的。2016 年，我们拿到了成功的实验结果。

用技术打造良心产品

从 2016 年开始，我们又陆续在全国不同城市寻找临床实验的患者，将我们的产品植入体内，观察他们的临床症状。结果也是很乐观的，接受手术的患者反映都很好，没有不适。一个北京的老太太，做手术前只能躺在床上不能下地，现在恢复好了每天带孙子、跳广场舞。还有一个老爷子是非遗传承人，前段时间接受了央视的采访，还高兴地把他接受采访的视频发给我分享。看到我们的产品能这么好的被使用，我们都很欣慰，将近 7 年的等待没有白费，我们马上就要走出黎明前的黑暗了。

说实在的，像我们这样从技术到产业的人往往都有情怀，我也期待着有一天产品能正式上线给更多人带来福利。在 2017 年一个有关医疗器械的行业会议上，很多业内企业家说，现在医疗器械骨科行业没什么创新，但张总的固圣是创新的。

我希望我们国家的医疗器械行业是不断往前走的，能把核心技术掌握在自己手里而不受制于国外的垄断企业。就以我们固圣生产的人工髋关节来说，我们的成本很低，核心材料我们自己能做就解决了最大的问题，我们产品的价格可以降低到进口产品的三分之一，但性能远高于进口产品，医生对我们产品的评价也很高，相信一定会有非常多患者愿意选择我们的产品。

我是从技术转型到管理的人，从技术到总经理我也经历了转变的过程。作为创业公司的总经理，我认为技术创新才能让一个创业公司走下去，技术和创新才是企业的核心，是企业生存的根本，也是企业往前走的推动力。

公司简介：

北京固圣生物科技有限公司成立于2011年12月，主要从事骨科医疗器械的研发、制造和销售。公司由清华大学和北京大学的博士、硕士作为核心团队成员，汇集行业内众多精英。

固圣生物依托于清华大学三十年的研究成果以及公司技术团队雄厚的科研力量，坚持科技创新，以研发和生产中国人自己的人工关节为己任，开发出的新一代骨科医疗器械——“陶瓷髋关节假体”已达到国际领先水平。公司具备高新技术企业资质，拥有多项发明专利，是目前国内唯一自主研发、自主生产陶瓷股骨头的国产厂商，质量媲美甚至优于同类进口产品。

公司位于北京市海淀区中关村永丰高新技术产业基地内，公司成立至今得到了北京市政府和科技园区的高度重视与大力支持。

发展大事记：

2011 年　12 月，北京固圣生物科技有限公司在中关村永丰产业基地成立。

2012 年　9 月，首批陶瓷髋关节假体系统的正式上线。

2013 年　1 月，首批髋关节假体系统一次性通过国家食品药品监督管理总局天津医疗器械质量监督检验中心的型式检测；

12 月，获得北京中日友好医院、上海东方医院、上海中山医院批准，正式开展临床验证工作。

2015 年　10 月，最后一例临床验证病例入组完成；

12 月，在国家食品药品监督管理局北京医疗器械质量监督检验中心完成陶瓷髋关节假体摩擦磨损试验，产品磨损量仅为国际同类产品七分之一。

2016 年　6 月，获得国家食品药品监督管理局《医疗器械特别审批绿色通道》资格。

手术机器人蓝海扬帆

主讲人介绍：

张送根，博士，教授级工程师，中组部“万人计划”科技创业领军人才，科技部科技创新创业人才，中关村高端领军人才。现任北京天智航医疗科技股份有限公司董事长兼总经理，中国医学装备协会理事，中国生物医学

工程学会医用机器人工程与临床应用分会副主任委员，北京生物医学工程学会副理事长，中关村医疗器械产业技术创新联盟理事长。2005年10月，创办北京天智航公司，专业从事骨科机器人研制和产业转化工作，获得国内首个医疗机器人产品注册许可证。该项目荣获2014年北京市科学技术奖一等奖和2015年国家科学技术进步奖二等奖，并作为国家“十二五”科技创新成就展上生物技术与人口健康领域唯一重大标志性创新成果，向习近平主席等党和国家领导人进行展示汇报。

把性命攸关的复杂手术交给机器人，普通患者可能还难以想象，但作为一家专门研发手术机器人的公司——北京天智航医疗科技股份有限公司已将手术机器人变成现实。

天智航联合北京积水潭医院、北京航空航天大学等单位建立“产学研医”协同创新模式，历经十余年，研发出拥有完全自主知识产权的骨科手术机器人，为临床手术提供了精准解决方案。

骨科手术机器人推动微创手术发展

随着社会现代化进程的不断提高，骨科疾病已经位居全球人类死因的第 4 位，日趋成为严重影响人类生命和健康的突出问题。手术为骨创伤重要治疗手段，我国每年骨创伤病例超过 2000 万个，其中 79.35% 的患者需要手术治疗。

然而，传统骨科手术过于依赖医生经验，创伤大、风险高、精确性低、并发症多，使患者遭受极大的痛苦，亟须创新治疗理念、手段和设备，提升骨科疾病治疗效果。但目前，微创理念和技术不完善、复杂术式难普及、智能手段和设备极度匮乏。随着我国老龄化问题日益严重、骨科疾患日益增多、医疗资源不均衡，上述问题尤为突出。

微创治疗已成为骨科临床治疗的发展趋势，是 21 世纪骨科手术发展的主旋律。微创手术通过合理的手术规划、精确的手术定位与操作、最小的手术创伤，为骨科疾病治疗提供最有效的方案，为患者提供最佳的治疗效果。但此类手术对医疗装备、医生的手术经验和技巧等要求较高，目前只在少数大型医疗机构中开展，在广大基层医疗机构中难以普及。

智能化手术设备是推动微创手术发展和普及的核心装备之一，医疗机器人作为前沿技术重点研究内容，凝聚了大量现代科学技术的最新成就，是各国高科技产业发展的重要标志之一。

医疗机器人是先进科技融合的产物。自 1985 年成功完成第一例机器人辅助神经外科脑补活检手术至今，医疗机器人技术已经取得了显著发展，从早期的工业机器人平台到目前的专用机器人，从早期的大型复杂机构到目前的小型模块化结构，从早期的简单定位功能到目前的多功能、远程手术操作，医疗机器人技术与系统已具备自己的发展特色，形成了一个创新的前沿学科领域。

骨科手术机器人是医疗机器人的细分领域，可实现更加个性化的手术方案设计和模拟，提供超越人手极限的手术定位精度，从而有效降低并发症风险，提升手术质量，缩短术后康复周期，并从总体上降低医疗费用。

骨科手术的超级助手

2010 年，北京天智航医疗科技股份有限公司成立，并自主研发了国内第一台骨科导航机器人。该产品获得了我国第一个医疗机器人产品注册许可证，也是继美国 ISI 公司、ISS 公司、瑞典 MedicalRobotics 公司、以色列 Mazor 公司之后全球第五家获得医疗机器人注册许可证的公司。这款产品不仅填补了国内相关领域的空白，在技术上更是处于国际领先水平；并且在骨科细分领域中，仅有 Mazor 及法国 MedtechS.A. 公司具有相似竞品。

过去，骨科手术长期存在人类“手”“眼”受限的瓶颈：一方面，因手术在骨骼内开展，人眼无法看到骨内，视觉上存在误差，损伤风险很高，即便通过透视技术看到内部，得到的也是重叠影像，且辐射损伤大；另一方面，人手操作在动作控制力、稳定性和重复性方面均存在不足。

2013 年，第三代“天玑”骨科手术机器人获 CFDA 医疗器械产品注册许可证。这款骨科手术机器人系统由机械臂主机、光学跟踪系统、主控台车构成。

这台骨科手术机器人不仅可以帮助医生完成手术路径的规划，更能精确引导内植物的植入，显著降低了患者术中、术后并发症的发生率，大幅减少术中放射线暴露。此外，“天玑”0.8 毫米的操作精度，领先于全球同类产品 1.5 毫米至 2 毫米的精度。

2015 年，在“天玑”的帮助下，北京积水潭医院院长田伟教授及其团队成功完成了被喻为“生命中枢”的上颈椎畸形手术，为一位患有严重寰枢椎先天畸形合并颅底凹陷的 43 岁男性患者成功手术，误差不到 1 毫米。

这是世界上首例机器人辅助上颈椎手术。在全球医学领域，脊柱手术一直是骨科手术界的“硬骨头”。

脊柱越靠近头部，手术的难度就越大，危险也越大。此前，全球其他已获准上市的骨科机器人，都只能辅助完成胸腰段以下的骨科手术。正是因为极大的技术难度与风险，那位 43 岁的男性患者曾经四处求医无门。如今，“天玑”通过智能化技术，获得了高稳定性的“手”和高精准度的“眼”，以亚毫米级的操作精度，远远领先于全球同类产品。

除了病患者,年轻医生也是“天玑”的受益者。有了骨科手术机器人，年轻医生可以缩短学习曲线，获得快速成长，因为年轻医生需要做的是手术方案的规划，而具体的手术执行，可以交给机器人助手完成。这就使得手术安全性有了极大保障。

手术机器人还可以缓解医疗资源分配不均的问题。当前，优质医疗资源集中在发达城市，偏远地区很难及时获得优质资源。而有了骨科手术机器人，只要大医院的优秀外科医生进行远程规划，由偏远地区医院的机器人去执行，就能实现高质量的手术。

政府股权投资扶持前沿科技结硕果

从 2000 年临床专家与工程专家思想碰撞，开始了骨科机器人的科技探索，到 2004 年成功完成我国首例骨科机器人手术，获科技部 863 计划项目滚动支持，再到 2005 年北京天智航技术有限公司成立，天智航研发的手术机器人是技术与产品互相催化的结晶。

在国家科技项目的支持下，北京积水潭医院顶尖医生与北京航空航天大学工程专家开始了中国骨科手术机器人自主创新研究的探索。后期，能把“技术”变成“产品”的高科技企业天智航公司加入了中国骨科手术机器人研发和产业化战队，“医工企”三方走到了一起。

每一次临床试验，骨科机器人都要与最优秀的医生“比赛”，看在 X 光使用次数、手术时间、操作精度、导针调整次数等各项指标上能否赢过顶尖医生。

“天玑”骨科手术机器人历时十年开发，取得专利44项，获得2015年度国家科学技术进步奖二等奖，是我国第一台拥有完全自主知识产权的医疗机器人产品，也是国际上唯一能够开展脊柱全节段及创伤手术的骨科手术机器人系统。突破了多模图像配准、机器人控制、患者实时跟踪和路径自动补偿等关键技术难题，定位精度达到1毫米，打破了脊柱手术机器人的国外垄断，填补了上颈椎手术机器人及创伤骨科机器人的国际空白。

与传统骨科手术相比主要特点是突破医生“眼”“手”极限，做到了精准、微创、标准化。

精准是指机器人系统综合精度在1毫米以内；微创是指通过可视化手术规划和机器臂相结合，无须大范围切口，剥离肌肉，即可完成手术精确定位；标准化是指减少手术对医生经验的依赖，所有手术达到相似的高水平效果。同时,大幅度减少骨科手术中X射线,降低对医患的伤害。

作为骨科机器人细分领域领军者，天智航树立了市场标杆。

由于天智航的产品在国内并没有任何产业化先例，因此公司在产品标准、检测方法、临床试验等方面进行了从零到一的初期探索，并最终完成了骨科机器人产品标准制订、产品安全性和有效性检测以及产品质量体系认证等工作。

成功的喜悦，没有让天智航团队淡忘创业的艰辛。

由于医疗器械行业回报周期极长,2005年公司成立后,连续5年“零收入”。在业内，很多分析认为，骨科手术机器人产业要想在10年之内挣钱是非常难的，成立于1995年的达芬奇手术机器人直到2004年才实现首次盈利，成立于2000年的以色列公司Mazor，以脊柱手术见长，至今尚未盈利。

关键时刻，政府扶持发挥了不可替代的作用。2010 年，由中关村发展集团代持，北京市政府对天智航进行了 2000 万元政府股权投资，支持企业创新发展。一年后，公司迎来首批订单，造血能力逐渐增强。如今，天智航已在多家医院建立了骨科机器人微创手术中心，并成功登陆新三板。

天智航的国产骨科机器人如今在积水潭医院等国家前沿医院实施了 3000 多台手术，国内销量行业领先，打破了临床使用的惯性，让购买进口设备变为使用国产设备。

公司简介：

北京天智航医疗科技股份有限公司成立于2010年10月，位于中关村东升科技园（地铁8号线永泰庄站附近），是在北京天智航技术有限公司基础上进行股份制改造后设立，专业从事医疗机器人以及相关智能医疗装备开发、生产和销售，同时为医疗机构提供智能医疗的综合解决方案的高新技术企业。公司取得了国内首个医疗机器人注册许可证，是全球第五家拥有医疗机器人注册许可证公司，拥有医疗器械生产企业许可证、医疗器械经营企业许可证及建筑企业资质，是中关村医疗器械产业技术创新联盟理事长单位和医疗机器人北京市工程实验室依托单位。

发展大事记：

2000 年　临床专家和工程专家思想碰撞，开始了骨科机器人的科学探索。

2001 年　首次获得科技部 863 计划项目支持。

2004 年　完成国内首例骨科机器人手术。

2005 年　北京天智航技术有限公司成立，致力于骨科机器人研制和产业化。

2010 年　骨科机器人荣获 2010 年中关村十大企业技术创新成果奖，骨科机器人获得 SFDA 注册许可，填补国内空白，天智航公司获得北京市政府重大科技成果产业化股权投资。

2011 年　医疗机器人北京市工程实验室挂牌，公司董事长张送根博士入选“高聚工程”、获“中关村高端领军人才”认定。

2012 年　作为理事长单位发起设立中关村医疗器械产业技术创新联盟。

2013 年　全国多家医院骨科机器人微创手术中心成功运营。

2014 年　骨科机器人获“中关村首台（套）重大技术装备示范项目”认定、入选科技部“2014 年度国家重点新产品计划”，《基于影像导航和机器人技术的智能骨科手术体系研究及临床应用项目》荣获北京市科学技术一等奖，公司董事长张送根博士入选“2014 年国家创新人才推进计划”。

2

第二章 智能的和弦

百分点

创业是一场马拉松

主讲人介绍：

苏萌，美国康奈尔大学市场营销学博士，专长于大数据营销、数据建模、推荐系统、个性化营销、消费者行为量化模型。2009年创立百分点科技公司。2011年担任沃顿商学院互动媒体创新中心中国会议联合主席，2011年荣获中国CE-MEGA百名最活跃年轻创业家，2012年入选北京市海聚工程。曾执教于北京大学光华管理学院，任系主任、新媒体营销研究中心执行主任。央视财经频道特邀评论员，《经济观察报》《哈佛商业评论》等多家杂志与媒体的专栏作家。现任北京百分点信息科技有限公司董事长、CEO。

2004年10月，在美国纽约州，我用了4个半小时完成了人生第一个全程马拉松，成绩还算不错。与马拉松这项运动结缘是在康奈尔大学读博期间，我所读的营销量化模型专业是一个复合型专业，横跨统计学、营销学、计量经济学等多个领域，学业压力较大，需要一项运动来释放压力；另外，马拉松是一项不断实现自我突破的运动，它蕴涵的永不放弃精神深深吸引着我。

在我看来，创业非常像是一场马拉松比赛，竞争对手并不是他人，而是自己。一场马拉松长跑，需要的是目标、决心、毅力以及不断突破自己的勇气。回顾自己的创业经历，在北大当教授的我怀揣梦想闯入商海打拼，这些年把创业所经历的个中滋味都尝了个遍。我想，如果没有为了目标坚持到底的意志力，公司和我都是坚持不到现在的。

创业，是一种责任

2006年，我即将博士毕业之时，面临着一个选择：留美还是回国?

那时，我已经收到美国知名大学任教的录取通知，或许留美发展，教书育人，沉浸研究，过上富足与安逸的生活，是大部分人眼中的理想人生，而且我的导师也极力建议我留在美国。不过，我最终选择了回国。

当时北大刚好在全球招聘教师，通过三轮面试和北大教授们的最终投票，我成为200多名应聘博士生中的唯一胜出者。在那时，美国具有世界最出色的研究环境以及最成熟、最优秀的商业体系，对于所有学量化营销模型专业的人来说，留在美国会是最理想的选择。一直以来，中国量化营销模型领域研究与中国规模巨大的商业市场并不匹配，中国需要更多的人来推动这个领域的发展，回国对于我来说是机会，更是一种责任。而我也成为常青藤大学营销模型专业领域回国的第一个博士毕业生，为此我感到很荣幸。

在北大头三年，我几乎是每天足不出户、青灯孤影地全身心投入到学术研究之中，每天工作十多个小时是常事儿。只要努力耕耘，终会有收获。在北大任教第二年，我获得了博士生导师的资格，再后来成为副教授、系副主任、研究中心主任，拿到国家自然科学基金重点项目，这个项目也是国内第一个大数据重点项目。

2009年开始，我一直在思考一个问题——如何在国内把学术研究成果在较短周期内转化，从而发挥大的商业和社会价值？在美国，很多大学教授都已经将前沿的科学研究成果成功实现商业价值，并且产生巨大的社会价值。中国能否也向美国模式学习呢？当时，以互联网和移动互联网为代表的新经济正迅速改变社会劳动分工以及人们日常生活方式，消费者的数字化程度极速提升，个性化商业时代正式开启，我预感到量化分析在国内的商业价值将会大大提升。

带着这些思考，我萌生了一个想法——创业。百分点公司在这一年孕育而生。

创业真是一件考验人能力、心态的事儿，一介书生创业，更难。我着实体会到了“创业维艰”这四个字的沉重含义。百分点成立后的第一个小目标就是完成个性化推荐引擎的开发上线，这个引擎是通过非常复杂的算法和大量的实时计算来对消费者进行洞察与分析，从而智能化地向其推荐感兴趣的商品或者信息。

我们知道，现在整个世界都是以消费者为中心，整个信息流的推送都在强调个性化，我们今天看到的新闻、购物、广告等无不倚重个性化推荐。百分点当时作为第一家做个性化推荐引擎的第三方技术公司，在算法和技术上都投入了大量的财力、人力，打造出了非常优秀的产品。短短几年，全国就有超过 1000 家互联网电商、媒体客户使用我们的产品，百分点个性化推荐引擎在高峰时所服务的日独立访客数量（DAU）可超过五千万，直追中国最大的电商阿里巴巴。

转型，是为了生存发展

“商海航行，不经历风雨怎么见彩虹。”我非常认可这句话，一个企业从创立开始就会遇到各种各样的危机、困难与挑战。在我创业的第四年，百分点经历了第一次大的转型。

当时我们已经是全国最大的个性化推荐引擎服务提供商，但是仅仅依靠推荐引擎，公司的盈利能力非常弱，中国的互联网企业在软件即服务（SaaS）应用上往往不太愿意投入太多预算。百分点拥有业界最顶尖的团队、技术和产品，并且在不断地进行创新。美国三大推荐引擎服务商试图进入国内时全部被我们击败了，我们甚至面对百度这样的巨头也毫不示弱，但是，大量的技术创新也让我们的人力成本和运营成本非常之高。

公司在技术的商业变现之路不顺畅导致百分点陷入入不敷出的局

面。这时候，我决定从北大辞职，专心做公司。很多人会为我辞掉北大的教职感到可惜，但是我想专注把一件事情、一个目标做好，正所谓鱼和熊掌不可兼得，同时两个身份反而会顾此失彼。就个人而言，这也是我之前从未面临过的局面，完成这次自我的突破才能实现人生的一次进阶。这个断自己后路的决定也表示我会跟百分点团队共进退，和他们一起把盈利模式找到。我坚信百分点凭借业界顶尖的技术能力和团队，一定能够找到商业突破口和价值实现点。

同时，让我非常感动的是，在公司最艰难的时候，很多核心团队同事跟我说“接下来我拿一半的工资”，有的说“我少拿三分之一的工资”，甚至有人说“我可以不拿钱”。那一刻，我流泪了，我意识到我不是一个人在战斗，有这样的团队和同事，怎么会对未来没有信心？

接下来，我们开始尝试将互联网端沉淀下来的大数据技术应用到不同的行业，经过不到一年时间摸索，我们找到了选择领域的新标准：第一，是数字化程度很高的领域，如果它的数字化程度很低的话，巧妇难为无米之炊，大数据技术很难给它直接创造价值；第二，这个领域的支付能力要很强。随后我们最先在金融、智能制造取得突破，找到了公司新的业务增长点。

转型过程其实是非常痛苦和艰难的。转型意味着你需要进入一个可能全新的领域或市场，而刚开始拥有的或许只有满腔热血或者顶尖的技术，并没有太多的行业知识、资源、产品以及经验。刚开始，公司只能一点一点去积累、学习和磨炼。

比如，我们给华为做的大数据项目，那是百分点做的第一个企业级大数据项目，也是华为这样的世界五百强企业的第一个大数据项目。百分点凭借着顶尖的大数据技术和产品败了像 IBM 这样的国际 IT 巨头。这个项目也的确非常艰难和辛苦，它考验的不仅仅是技术实力，还有如何让技术实现业务价值和业务创新，需要我们的团队能够快速理解并满足客户复杂的业务需求，有段时间我们的团队是每周 7 天满负荷工作。但正是这样的项目，让百分点公司、团队得到了极大的锻炼与成长。

从那时起，百分点不断思考大数据和人工智能技术在不同行业业务场景中的结合点和创新点。我们也陆续在更多行业取得了突破，除了金融、智能制造外，公共事务、媒体出版、零售快消等领域也有所突破。百分点逐渐摸索到了一条高效、长期、健康的技术变现商业模式。

成绩，是努力后的水到渠成

正所谓居安思危，任何公司的领导人都需要具有长远的战略眼光和对未来持续思考的能力，时刻洞悉未来的趋势，然后以无比专注的态度把握这种趋势。虽然百分点已经连续几年保持了 300% 的增长，但是我们仍然满怀敬畏之心，认为大数据在很多行业与细分领域中的应用仍需进一步探索。从零到一很艰难，但我们愿意做一个践行者去不断思考和尝试。

2017 年，百分点迎来了发展路上的又一大里程碑——进军海外市场。我们看到国家“一带一路”战略正在全球取得令人瞩目的成绩，获得越来越多兄弟国家的认同并加入。与此同时，中国在以大数据、人工智能为代表的新一代信息技术拓展上也已取得了长足的进步，在很多细分领域已经接近或者达到世界水平。在未来，中国的信息产业输出必然成为一种趋势，百分点需要做的就是更加专注于技术、产品的创新，从而抓住这个趋势。

很幸运，截止到目前，百分点已经在海外取得了一些成绩。百分点已经在西非、北非等多个国家搭建国家级的数据平台，并开展人工智能技术的应用，百分点在海外市场的种子已经播下。

这是一个快节奏的时代，并且时刻充满了各种各样的变化和诱惑。在这种情况下，我们创业者最缺的其实是拒绝诱惑的能力。百分点也曾经犯过中国技术公司可能都会犯的错误，就是以为自己技术厉害得不得了，什么都能做。我们也曾经尝试去做类似今日头条这样面向消费者的新闻推荐产品，但后来发现百分点擅长的还是利用顶尖的大数据技术去帮助不同行业的企业级客户实现数据价值。正所谓“闻道有先后，术业有专攻”，创业者需要明白自己最擅长什么和不擅长什么。

今天的百分点已经初具规模，成长为600多人的企业，站在了中国大数据领域的第一梯队。但是，作为公司的领路人，我丝毫不敢懈怠。讲一下自己的亲身经历，我曾经周末去硅谷参观包括Google、Apple、Facebook这些著名的公司，看到仍然有不少人在工作，美国最顶尖的公司尚且如此，我们就得意识到差距，“逆水行舟用力撑，一篙松劲退千寻”，我们需要更加努力才能追赶上别人。如果和他们一样，甚至比他们休息得还多，那永远都实现不了超越，只会让差距越来越大。今天的中国，无论是市场环境，还是市场潜力都是前所未有的好，中国的创业者们需要加倍努力来珍惜这个好时代。

谈了这么多，我最后想说的就是：“创业就是一场马拉松。”回到十年前，我无法想象我在这十年经历过的事情。从一个初出茅庐的博士生成长为一个大学教授，再到现在的创业者和企业家，自己实现了人生的一个又一个自我突破。我非常享受这十年的每一个过程。对于在座的各位创业者们，我想说的是，勇敢地去尝试一下马拉松，相信你们会有所感悟和收获。

公司简介：

作为国内领先的大数据智能场景解决方案提供商，百分点集团专注于大数据底层技术平台以及智能应用场景的搭建，使企业能高效、便捷地进行数据资产管理和价值实现。

百分点现有员工600多人，包括两位国家千人计划入选者、30多位博士和来自国内外一流大学与技术公司的300多人的研发团队。百分点首席科学家团队由多名国际顶尖的华人学者组成。

百分点是一家技术驱动的大数据及人工智能公司，自成立以来一直走在大数据产品研发的前沿，百分点已经拥有过百项大数据领域软著与专利以及中国最大的行业应用模型库。百分点还注重产学研用相结合，与多家国内一流高校和研究机构成立了合作研究中心，包括与北京大学软微成立联合实验室、与浙大成立工业大数据联合实验室、与上海交大国家能源智能电网研发中心成立联合实验室，还与中央财经大学的金融背景与优势结合起来，成立金融大数据营销研究中心，与团中央网络影视中心成立人工智能联合实验室。

百分点集团已为超过2000家客户打造技术平台和行业化解决方案，覆盖制造、金融、公共事务及媒体出版等行业的龙头企业，如华为、TCL、长虹、中国建设银行、招商证券、新华社、国家质检总局等。

目前，数据、技术和应用是其三大核心竞争力，百分点集团构筑了行业领先的大数据产品系列、人工智能产品系列，以及涵盖多个行业的人工智能场景解决方案。

百分点集团凭借创新的产品和行业解决方案，助力政企组织构建数据决策力、释放数据价值。2016年和2017年百分点被中国信息产业研究院评为“中国大数据企业50强”，同时成为“2016 Gartner Cool Vendor”唯一入选的大数据企业。

发展大事记：

百分点集团的大数据及人工智能落地实践开始于2009年，最早服务于电商和媒体领域，为知名电商和媒体机构提供个性化推荐、数据洞察和营销服务。

2011年　百分点集团获得IDG资本与名信资本的720万美元联合A轮投资。

2013年　国内大数据技术与行业开始逐步融合，百分点将自身积累的大数据技术和数据运营经验提供给传统行业客户，为客户构建支撑业务发展的大数据能力体系；

获得浙报传媒东方星空创业投资与IDG资本的1000万美元联合B轮投资。

2014年　7月，获得数家国际顶级风投公司的2500万美元的C轮投资。

2015年　百分点集团将自身大数据行业实践及方法体系封装成商业化版本的大数据平台、大数据管理工具和大数据行业应用产品，力求推动更多行业的大数据落地，帮助传统行业实现大数据价值变现；

9月8日，百分点集团投入重资，发布了自主研发的大数据操作系统BD-OS1.0版；

百分点集团已完成D轮融资，累计融资额10亿元人民币，投资方包括IDG、高瓴、光大证券、浙报传媒等，创企业级大数据领域融资最高纪录。

2016年　6月，百分点集团成为唯一一家入选“2016 Gartner Cool

Vendor”的大数据公司；

2016年 10月，入选毕马威“中国FinTech50强”；

11月，入选第三届世界互联网大会《中国大数据创新企业TOP100》榜单。

2017年 1月，被评为中关村前沿科技企业；

6月，举办“XWorld大会”，正式发布行业领先的大数据产品系列（大数据操作系统BD-OS 2.0、大数据建模工场和系列大数据智能应用）、人工智能产品系列（智能标签管理系统、智能交互分析引擎和智能语音应用），以及涵盖公共治理、智能制造、媒体出版、金融等行业的人工智能场景解决方案。

8月，百分点集团再次被大数据产业生态联盟评为“中国大数据企业50强”，并入围“大数据产业生态地图”，成为唯一一家在应用、数据服务、基础支撑三个层面均入围的公司。

开拓和守住企业疆土

主讲人介绍：

何佳，北京合享智慧科技有限公司执行总裁，复旦大学硕士研究生，从事知识产权工作10余年，全国专利信息领军人才，江苏省科技创新协会

知识产权专业委员会主任，首都知识产权服务业协会常务理事，辽宁省法学会知识产权法学研究会理事。组建了中国规模最大的民营专利信息检索服务团队，建立了全球领先的专利情报平台，领导完成了世界第一个全中文的G20专利信息库。将各国的年代覆盖广且字段详尽的非交换数据首次整体引入中国，填补了国内空白，此举对我国专利信息行业发展具有里程碑意义。在专利大数据、专利检索、专利信息咨询、知识产权布局和监测等方面经验丰富，对我国知识产权信息发展有一定贡献，致力于为国内外机构、企业、院校等提供国际顶尖水平的知识产权服务，在知识产权层面为企业保驾护航、促进突破创新，积极推动我国知识产权行业的发展。

在知识经济时代，专利信息是企业竞争的“情报”，而专利数据库则是获取这些“情报”的工具。在2011年以前，我国企业只能通过国外的专利数据库来获取这些“情报”。这不仅会将我国企业的检索信息暴露给外人，危及信息安全，而且由于国外专利数据库基本是针对他国所设计，国内企业使用起来效率非常低。

我在一家提供专利信息服务的公司工作时，渐渐地发现了这块市场空白——我国自己没有一个可以和国外比肩的专利数据库。“一个国家的疆土是由它的边界决定的，一个企业的疆土是由它的知识产权决定的。”通过建立一个我们国家自己的专利数据库，为我们自己的企业提供全方位的专利数据服务，帮助众多企业守住、开拓自己的市场疆土，这是当初我创业的初心。

从1985年《专利法》出台至今，我国进行知识产权专利保护的历史只有30多年，和欧美国家300多年的历史相比，我国确实还处于成长阶段，但这也是一个充满机遇的阶段；另一方面，我国作为世界第二大经济体，经济飞速发展，对创新日益重视，对专利保护的需求也愈加迫切。可以说，致力于提供全方位知识产权增值服务的原北京合享信息科技有限公司，现合享汇智信息科技集团有限公司(以下简称“合享”)在2011年，踏着时代脉搏而来。

坚守初心

在创业之前，因为工作的原因，我对汤森路透、律商联讯等世界知名专利数据库公司的运作模式有了一个大致的了解，包括技术层面和商业层面的内容。我个人觉得建立一个属于中国人自己的专利数据库，是有可能的。2011 年 9 月 15 日，合享正式成立。

和大部分的创业公司一样，合享的成长之路并非一帆风顺。公司成立之初，有十位创业合伙人，将专利数据库作为公司今后的主营业务，在当时并没有得到所有人的支持。坦白说，我当时的信心也不是很充足。虽然世界顶尖专利数据库公司对中国市场挖掘不足，我们有很大的操作空间，但是我们面临的“敌人”太过强大，它们背后是强大的资金支持、成熟的商业模式、领先的行业人才等等。如何开拓属于我们的中国市场疆土？这是摆在我面前的第一道难题。

“千里之行，始于足下”，将专利数据库确定为公司的主营方向以后，我们便开始自己的摸索和积累。在外界普遍不看好的情况下，我们和自己死磕，同时精心研究国外企业的成果，研发出了一款自己的产品，而且与国外相比，该产品的性能也没有差很多。然而当时产品并没有获得大家的认可，其中不乏嘲笑之声。在他们看来，国内的各大企业、科研院所是不会放弃国外的世界五百强企业，转向和我们这群二三十岁的年轻人合作。

面对这样的质疑，我们只能通过实际行动来证明自己。前期我们做了大量资金投入，去购买充足的数据资源。在数据加工、整理方面，我们针对中国市场和中国用户使用习惯，进行了细致而全面的设计，对中国市场的潜力进行了充分挖掘。

功夫不负有心人，精心打磨后的产品，非常惊艳。2014 年，华为、格力等国内的大企业，通过专业评估，他们觉得我们的产品值得信赖，决定与我们合作。我们的市场由此打开，并且在后期市场推广的过程中，我们坚持付费服务，去年我们的服务客户已经扩展到1000多家。

人们常说不忘初心，但是知易行难。在坚守初心的道路上，常常会有误解、质疑，甚至是嘲笑，但是一定要坚持下去，唯有如此，才有希望成功。专利数据库的建立，可以让我国企业充分利用知识产权，守住和开拓自己的疆土，在为他人服务的同时，我们也开拓了自己的疆土。2017年3月1日，合享集团公司正式成立。集团总部设立在北京，旗下有数据业务子公司合享智慧和专利金融业务子公司合享智泉，另在广州、上海、苏州、武汉、南宁、长春、杭州、西安、福州、郑州等地设有子公司和分公司。

为中国人绘制的知识产权地图

你很难想像国外有很多白发苍苍的知识产权工程师，一辈子只做了一件事——检索，他们写出来的检索式常常会有几千字。检索专利数据库的技术含量程度和专利对企业的重要性成正比。从某种意义上说，他们的检索结果，决定了企业的疆土。因为这些工程师的检索结果，可以让企业在遇到同类产品的时候，做到专利规避，从而进入市场；在企业没有遇到同类产品时，可以通过专利来圈定市场疆土，同时防止后来企业的“入侵”。

我国目前稀薄的知识产权土壤，并没有孕育出这些高水平的知识产权人才。为了使我国企业在技术创新时更高效地检索到相关专利信息，合享设置了“语义检索”：即使是检索一句大白话，也可以在专利数据库里找到相关的专利技术内容。

这项贴心的服务，是将专利服务器进行智能化处理的结果。我们通过对专利大数据的分析、整理和归纳，实现了技术向技术的学习，也就是赋予了机器学习的能力。检索的结果，尽量选用可视化的数据、图表等内容呈现。从前期检索到后期结果呈现，我们都在为国内研发人员可以更便捷地检索而服务。我国和国外在专利保护和应用方面的差距鸿沟，我们希望通过技术的手段来进行适当的弥补。

为中国人量身定制专利数据库，当然离不开对国外专利数据进行翻译，包括欧美地区、日本、韩国等区域的专利，合享均已翻译成中文，这是国外已有数据库的空白。此外，针对国外数据库对国内数据更新缓慢的状况，合享实现了国内外专利数据 48 小时更新一次的频率，保证国内企业可以第一时间获取到专利“情报”。

其实，合享的专利数据库，就是为中国人绘制的全球知识产权地图。我们希望通过这样一张地图，可以让中国的企业站在全球高度来看到自身发展的水平，明白今后发展的机遇在哪里，也清楚“雷区”的位置。

中国正处于拥抱工匠的时代

任正非是我很欣赏的企业家，他曾经说过一句话：“我们只可能在针尖大的领域里领先美国公司，如果扩展到火柴头或小木棒这么大，就绝不可能实现这种超越。”而华为的成功也正是因为坚持在一个点上持续发力，不断钻研创新。这种工匠一般的创新精神也一直被合享所信奉。

公司规模不断扩大以后，客户数量也在不断增加，周围开始有人建议我拓展专利数据库以外的其他业务，提高经济效益。我都拒绝了，在我眼里的合享依旧有很大的提升空间，和国外的顶尖企业相比，我们的用户体验、细节打磨等方面，还有很多需要完善的地方。

如果说过去做一位执着的工匠，可能会无法满足温饱，那么现在经济高速发展下的中国，正处于一个拥抱工匠精神的时代。就合享而言，我们就正处于一个时代红利期，党的十九大提出，创新是引领发展的第一动力，是建设现代化经济体系的战略支撑。国家重视创新对经济发展的作用，也看到了知识产权的重要性，合享作为一家私营企业，不管是在和政府机构的合作中，还是在具体的业务拓展过程中，都可以深刻地感受到时代的利好。所以，现在我很庆幸自己当初的坚守，面对其他可能会赚大钱的机会，我选择了继续在本行业深耕下去。

这是一个利好的时代，但同时也是一个容易让人迷失的时代。信息爆炸、经济狂飙，落实到每一个人身上，尤其是喜欢新鲜事物的年轻人，他们在创业时会面临非常多的诱惑。年轻人一定要在一个领域里深扎下去，然后做到国内领先、世界领先，从而为我们国家的创新发展添砖加瓦。

这种笃定的力量除了让你不会在大海里迷失方向，还会成为你还击外界质疑的重要支撑。合享创办的初衷是为中国人建立一个自己的专业专利数据库，却有越来越多的人认为合享只能在国内发展，无法走出国门，和外国企业竞争。然而事实是，随着中国市场已经成为拉动世界经济的重要引擎，越来越多的外国企业开始重视中国市场，而合享却拥有中国市场相对完善的专利数据信息，再加上我们在用户体验方面不断完善自身，我们的业务早已走出国门，拓展到韩国、日本等国家。在拥抱工匠的时代，每份坚守和付出都不会被辜负，正在成长中的合享会和大家共同见证。

公司简介：

北京合享智慧科技有限公司（BEIJING INCOPAT CO., LTD.）是全球知识产权信息的领先提供商，专注于知识产权数据的深度整合和价值挖掘，通过旗下 incoPat 全球科技分析运营平台、incoPat 创新监测系统、incoPat 合享智慧 APP、incoPat 专利大王小程序等多项明星产品为全球创新者提供可信、好用的信息服务。作为中国知识产权信息第一品牌，incoPat 秉承“简单、极致、分享”的企业精神，致力于全人类科技智慧的流动与共享。

incoPat 全面整理并汉化 112 个国家、组织和地区自 1782 年以来的 1.2 亿项专利技术，并以每 24 小时添加 1.4 万项最新技术的速度不断增长。incoPat 深度加工法律状态、诉讼信息、企业工商信息、运营信息、海关备案、通信标准、国防解密专利等增值数据。运用自主研发的专利 DNA 分析技术，incoPat 将人工智能与知识产权应用深度结合，实现专利数据的智能检索、全景分析、热点预测等功能，助力用户提高创新效率、提升知识产权竞争力、锁定新兴市场商业机会。

incoPat 用户遍布全球，包括华为、格力、三星、西门子等科技企业；北京大学、上海交通大学、中国科学院、德国伍珀塔尔大学等研究机构；中国及新加坡国家知识产权局、中国多省市知识产权局、中国国际贸易促进委员会等政府机构。

incoPat 凭借优异的产品品质及卓越的服务能力引领知识产权信息行业发展——在 2017 年 1 月由国家知识产权局举办的首届知识产权工具比赛中，incoPat 获得总冠军；同年 9 月，获得工信部颁发的中国智能终端行业“墨提斯”奖；11 月，荣获 2017 年度知识产权 SaaS 服务领域领军企业奖。

发展大事记：

2011 年　北京和享新创信息科技有限公司成立。

2013 年　7 月，IncoPat 科技创新情报平台上线，成为十六个省市知识产权局指定的国际专利检索服务机构；

11 月，获得国家“高新技术企业”资格认证。

2014 年　7 月，incopat 新第三方测评机构知人网专利信息平台测评最高分记录；

8 月，荣获 2013 年度中关村知识产权服务机构绩效考核优秀单位，入选全国知识产权示范城市专利分析能力提升计划战略合作伙伴。

2016 年　4 月，合享 APP 正式推出；

11 月，北京合享智慧科技有限公司成立。

2017 年　1 月，入选首批北京市知设产权服务品牌机构，incoPat 获得首届国家知识产权局主办的创新知识产权工具大赛总冠军；

3 月，北京台宇智慧科技有限公司正式成立；

6 月，获得北京市重点产业知识产权运营基金 1800 万元融资。

天云大数据

让普通人使用 AI 就像读书一样简单

主讲人介绍：

雷涛现任天云融创数据科技（北京）有限公司（简称天云大数据）首席执行官。雷涛拥有 20 余年北美信息科技公司从业经验，2005 年入席存储工业协会（SNIA）中国区技术委员会联合主席，2013 年首批中国计算机学会（CCF）大数据专委会委员，长江商学院特聘讲师，博士后工作站企业导师。

现在人工智能（AI）、大数据（Big Data）的话题很热。但是大家一说到人工智能，想到的都是人脸识别、聊天机器人、无人驾驶等这些窄的应用，而且觉得 AI 特别复杂、特别高大上。

我们公司推广的是“泛 AI”“轻 AI”，目标是让没有接受过系统的数据科学教育的普通人也能使用 AI，而且就像读书一样简单。

天云大数据是一家提供分布式 AI 技术设施的公司。在大数据这个行业里，我们算是“最老的团队”和“最年轻的公司”。“最老”是说什么呢？在大数据领域，我们可以说是跟中关村一起成长起来的，中关村的大数据日“12・12”就是我们的企业年会日。2011 年，我们就做一些大型的项目了。比如把先进的分布式数据库技术应用在运营商的总部，每天都能处理 300 亿条增长纪录——那是在六年前——即便在今天国内的大数据领域也算是翘楚。“最年轻”是说这个老的技术团队到 2013 年才孵化出这个新公司。AI 和 Big Data 又是什么关系呢？

人工智能与大数据的关系

AI 是 Big Data 非常重要的一个分支。Big Data 其实是个很宽泛的概念——西方人通常用“big”来定义一些不确定性的、难以界定边界的事物，比如大航海（big maritime）、宇宙大爆炸（big bang）。

2016 年，高纳德公司（Gartner）把 Big Data 从新兴技术成熟度曲线上去掉了——就在 2013 年它还处在成熟度曲线的顶峰。Gartner 说，Big Data 就像空气一样，无处不在。老子有一句话，“大音希声，大象无形”，也是这个概念。AI 其实是一个基础的“ABC 问题”，是算法（Algorithm）、数据（Big Data）、算力（Cloud）三者的关系，如果没有后两者，人工智能就是空谈。

凯文·凯利有一本书《科技想要什么》（*What Technology Wants*），表达的观点是，科技是有自身的脉络的，它在那个时点发生某个脉动，是因为很多因素在那个时点促成了它的爆发。比如人工智能的发展，我们以为算法是它的主线，其实算法在很早以前就已经脉动了。但是真正爆发是等到数据和计算能力发生突破。

现在大家对 AI 的理解就是人脸识别和无人驾驶等等，但事实上，太多的场景都需要机器学习。它们需要广泛应用于生产和经营里，来替代我们拍大腿、拍脑门的那些决定。因为现在大量的数据都是做成报表拿给领导去看，领导看完之后有一个洞察，然后再决定要做什么事。

而我们现在基于算力和数据，再加上一点算法的能力，推出“泛 AI”的概念。“泛 AI”的意思是，以后任何一个场景里都需要人工智能：什么时候开灯，某一个齿轮什么时候该更换，电机什么时候该维修，抓捕罪犯该在哪里布置警力……我们以前习惯的方法是：先根据数据找到规律，然后再决定如何做——当然这也很有效，但这就是一个小尺度和大尺度的问题，小世界和大世界的问题，就像牛顿力学和相对论、量子物理一样。

传统做法里，我们通过洞察可以得到一些简单的规律和经验，比如我想对高端客户做一个保险营销活动，就画了一个线：年收入 20 万元以上。这就是界定“高端客户”的规则。但是我用机器学习做了一个序列，却发现收入并不是高端客户的唯一衡量指标。有的客户年收入四万多元，但是他买保险的年金产品花了将近八万元——他要拿储蓄买保险。这不符合我们传统的认知，但是机器却告诉我们有几十万人这样做。这说明，可能不存在一个简单普适的规则了。我们认为的常态的变量，比如光速等等，在一个大尺度空间里，就不是恒定不变的了。这也是我们今天面对的商业事实——多样的，变化的。天云大数据现在服务金融行业。金融行业有很多内容涉及风险、涉及定价，这是精确度量。

比如欺诈，人们原来对欺诈的描述，都是试图去拼装一些规则，进行各种交叉验证，拿外部的数据去验证。比如看你是否按时缴水电煤气费的数据。你缴了水电煤气费，那我就认为你会还信用卡。其实这两个数据没有一毛钱关系，但是多数的金融公司都用这个方法。

传统银行拥有上亿万级的信息数据库，但由于缺乏有效的科技手段，传统规则的经验式反欺诈模型已经无法应对日益演进的欺诈模式和欺诈技术。其实真正科学的方法在于输入端，在于客户的行为数据以及他的违约数据，它们之间要建立起科学的对应关系。

当输入变量没有提供更多信息的时候，就得用算法去做表达，比如说反欺诈。输入变量就是简单的一张信用卡申请表格，有些欺诈行为就是首款不还：申请一张信用卡，首款一刷，走人。跑一个村子收一批身份证，申请一批信用卡，首款都不还，但输入的信息都是真实的身份证、真实的地址、真实的电话号码。像这样的欺诈事实你不可能用规则来描述。比如你拿那个不还款的村子作为规则，下一次却是另一个村子，不能一个村子一个村子去添加规则，那样永远赶不上欺诈的变化。所以怎么去描述呢？

我们就要做隐含特征变量的发现。不是基于你的收入、学历，而是基于你这些组合带来的一些特征，在这个隐含层上找到依据。我们是把无人驾驶和阿尔法围棋（Alpha GO）里使用的世界级算法应用到了传统金融行业的定价和反欺诈当中，来把这些欺诈的复杂事实清晰地表达出来。

我们现在和光大银行、兴业银行等多家银行建立了合作，在信用卡评分、信用卡风险评估、银行反欺诈等领域都推出了成功实践案例。我们的 Maxim AI 分布式计算人工智能平台部署在银行里，使高风险客户的正确识别率高达 78%，新客户申请欺诈识别率提升了 20% 以上。

让 AI 为普通人赋能

其实在金融行业里早就有大量 AI 的案例了。以前的算法并不复杂，但是在金融行业里使用这种算法的人特别少，因为只有几个数据科学家懂，而且他们也接触不到大数据，所以我们认为他们还生活在刀耕火种的时代、小数据的时代——拿一点离线的数据，自己打磨一个离线的模型然后上线，上线一两年都不换这个模型。

现在大量的业务其实都需要这种能力，那么，怎么把这种能力释放给业务人员？让他们可以选择现在的数据，然后使用世界级的算法，马上得到一个预测模型：预测我该什么时候催收欠款？如果我可以提前发现这个人可能不还款，那就不用等到六个月以后记坏账，而是第二个月就提前催收，同时宏观上再做降低风险的举措。

业务人员以前不具备这种能力，因为他不可能花 5 到 10 年读一个数据统计科学的博士，也不可能花 5 到 10 年去学一套分布式计算的编程语言。而我们把这两者结合起来，构建一个平台，他在简单配置这个平台之后就能操作，得到 AI 能力。让没有数据科学能力的业务人员接触到 AI，把工具化的东西给到最需要 AI 赋予能力的人，这就是我们企业要干的事情。

15 年前，我在推广移动互联网前身的应用，也就是在手机里玩一些比较智能的游戏，比如俄罗斯方块、贪吃蛇。这些在当时只有像诺基亚、摩托罗拉这种有原生操作系统的厂商才能做出来，都是在北美的实验室里开发出来的，很复杂。但是几年以后，一个四人的团队开发出安卓系统之后，任何一个大学生自己学一学就可以做一个移动 App。这些年移动 App 大量出现，订票的、餐饮的……雨后春笋般地繁荣，就是因为安卓屏蔽了系统的复杂性。

现在 AI 太复杂，大家都认为这是象牙塔里的东西，一讲到深度学习，高大上得不得了。AI 需要大量的数据供给新算法，需要数据的供给能力和计算能力。而我们就是要把它们做成一个融合的产品，把这些方法给到普通的业务人员。这就是我们在推广的“轻 AI”——“轻 AI”是从能力角度来谈，“泛 AI”是从场景角度来谈。AI 原来很“重”，首先要选算法，还要写代码来执行这个算法。写代码、做数学证明、调参……生产一个模型要花几个月的时间。整个过程，我们能不能用机械化自动化的手段来完成？现在我们可以提供自动化的算法生产过程。我们把这样工具化的产品提供给客户，让他们就像在安卓上开发移动 App 一样开发自己的 AI 引擎，这就大量降低了对 AI 人才的需求。我们要把 AI 的门槛降低，目标是要像读书一样简单。

我们的 AI 平台取名叫 Maxim。Maxim 是一战时期机关枪的发明者。

机关枪利用火药的后坐力使下一发子弹快速供给上来，这种巧妙设计使得射击变得流畅、自动化、批量化，它和我们现在的 AI 非常像。数据就是新时代的火药，现在我们的人工智能也是希望通过数据来使算法的迭代和算法的快速部署实现自动化，我们用数据来选择模型。但是现在 AI 的应用确实还太少了。

在 2002 年，诺基亚的一部手机可以卖到 8000 块钱。但是，当很多人都具有移动 App 开发能力的时候，还有 8000 块钱的诺基亚吗？所有人都有能力开发的时候，应用的价值就被大规模地稀释到场景中了。这个市场的前景是非常雄伟和壮观的，我们就是先做好工具，为这个金矿给每个人准备一把铁锹。

公司简介：

天云大数据，国内唯一能够同时提供分布式计算平台产品和 AI 平台基础设施的科技厂商，拥有博士后工作站和国家级高新企业称号，并于 2016 年首批进入中关村前沿科技企业重点计划。公司在分布式计算领域有自主产品，填补了联机事务等领域空白，并在多个大型银行核心交易系统部署验证。在人工智能方向领先于百度、阿里巴巴、腾迅发布了分布式 AI 平台，于 2016 年在大型股份制银行落地。该平台与科大讯飞一起获得了北美 ZDnet 评选的十大 AI 赋能平台奖项。凭借分布式 AI 能力，天云自 2016 年开始为金融机构提供数据模型，深入信用风险欺诈等金融业务领域，为中国人民银行、光大银行、兴业银行、中国银联等提供信用业务相关计算

与数据科学模型，由此获得国际一线机构毕马威（KPMG）评定的中国 Fintech50 强，亚太 Asset 财经评选的 TrippleA 金融科技领先奖，财视的 Fintech30 强金融科技介甫奖，与蚂蚁金服、京东金融等共同列入先进金融科技企业。

发展大事记：

2010年　8月16日，天云大数据团队正式入驻北京云基地。

2012年　12月15日，天云大数据与广东移动达成合作，签订了《中国移动南方基地经分云应用子系统建设项目》合同；

12月，天云促成并加入中关村大数据联盟。

2013年　5月，天云融创数据科技（北京）有限公司正式成立；

5月，天云大数据商业数据处理（BDP）产品，1.0版本正式发布。

2014年　5月21日，天云大数据与中国联通集团签订合同，承建联通大数据“数据魔方”产品建设项目；

11月4日，天云大数据与中国光大银行达成合作，签订了《光大银行现钞冠字号码查询信息系统项目》合同。

2014年　1月1日，天云大数据与泰康人寿签订合同，承建泰康客户个性化营销支持系统项目；

3月31日，天云大数据与威海商业银行签订合同，承建威海市商业银行大数据平台项目开发。

2015年　3月，天云大数据博士后科研工作站成立。

4月17日，天云大数据与中信国安签订合同，承建中信国安广视网络有限公司大数据平台（一期）项目；

11月24日，天云大数据入选“国家高新技术企业”；

12月，天云大数据商业数据处理（BDP），产品2.0版本正式发布。

2016年　11月22日，毕马威中国领先金融科技公司Top50颁奖暨研讨会在京开启，天云大数据入选“领先金融科技50强企业”；

2017年 1月13日，天云大数据MaximAI平台入选Zdnet评选的十大最具商业影响力、资本号召力的人工智能平台，与Google、微软、英特尔等科技巨头同列其中；

1月20日，天云大数据入选首批“中关村前沿技术企业”；

3月3日，天云大数据作为大陆地区唯一入选企业，入围2016年度Triple A Digital Awards；

3月28日，2017大数据产业峰会在京召开，天云大数据荣获本次峰会评选的“中国大数据应用最佳实践案例奖”；

7月19—20日，第六届中国财经峰会在京举行，天云大数据CEO雷涛荣获“2017行业影响力人物奖项”；

9月12日，天云大数据成功入选“2017人工智能企业百强”。

奇点汽车

让汽车更懂你

主讲人介绍：

沈海寅，奇点汽车创始人、CEO，专注于研发与制造中国的移动互联网智能电动汽车。上海交通大学自动控制及工业管理双学士学位，至今拥有近20年互联网行业经验。在硬件、搜索、广告、游戏、电商领域都有较多经验。

1993年，任职于上海航天局。

1995年，担任上海佐竹冷热空调技术有限公司高级工程师及软件事业部经理。

1998年，远赴日本，供职于OpenNetwork INC.。

2000年，在日本创办互联网公司（JWord INC.）并担任CEO，该公司后来成为日本领先搜索公司，并于2005年被Yahoo Japan和GMO INC.收购。

2005年，和金山软件合资，在日本创办日本金山软件，2007年首创杀毒软件免费模式。

2006年，创办互联网公司（ACCESSPORT INC.），成为视频搜索、页游运营等领域的领先企业。

2009—2010年，任金山软件集团副总裁及金山安全软件公司总裁。

2013—2015年，任奇虎360公司副总裁，分管过360手机卫士、360云盘、360手机浏览器、360手机桌面、360天气等移动互联网产品，后建立智能硬件产品部，主导研发了360儿童卫士、360安全路由、360智能摄像机等硬件产品，并建立了智能硬件投资团队，主导投资了美国、以色列和中国的三十余家创业公司。

乔布斯曾说过："消费者并不知道自己需要什么，直到我们拿出自己的产品，他们就发现，这是我要的东西。"2007 年，第一代苹果手机诞生，当时并未引起公众的关注。直到多年以后，苹果手机颠覆了整个手机行业的发展，大家才明白了一代苹果手机的伟大，虽然那是一部看起来笨拙，而且需要一天充三次电的手机。

如果说是苹果手机开启了智能手机的新时代，那么小米、华为、oppo 等这些国产品牌就真正地让智能手机走进了千家万户。2013 年，特斯拉汽车问世，一年多以后开始走进大众视野。特斯拉相当于汽车行业中的苹果手机，目标消费人群为中高端客户。如何让目前比较高端的智能汽车走进千家万户？中国市场需要"汽车界的小米"。

汽车行业的奇点

从天体物理学来讲，"奇点"是指宇宙大爆炸的起始点；从数学上来讲，"奇点"是一个突变点，是无法用方程式计算出来的点，苹果手机就是手机行业的"奇点"。而对于汽车行业来说，从 1886 年卡尔·本茨发明了第一辆汽车到现在，汽车行业的发展基本上都是技术的进步，不管是汽车的引擎越来越好、能耗越来越低，还是内饰越来越舒适，这些都处于量变的范围之内。

经过一百多年的积累，汽车行业的"奇点"呼之欲出。

2016 年年初，我们启动了一个为汽车品牌征名的活动，用户一共提供了一万多个名字，经过投票和层层筛选，最终选择"奇点"作为公司汽车品牌的名字。其实，我们公司名字叫作“智车优行”，将汽车品牌名字和公司名字分离，在汽车行业，这是我们的一个创新。更为重要的是，我们希望通过征集名字这种形式，可以让用户尽早地参与到品牌的发展中。但是让智能汽车真正地“飞入寻常百姓家”，则可能还需要几年的时间。

正如第一代苹果手机出现之后，经过 3 年的市场培育，2010 年的第四代苹果手机才开始被大众所熟知，目前智能汽车的发展还在市场培育阶段。国内做智能汽车的公司，除了奇点汽车，还有蔚来汽车，小鹏汽车、威马汽车等等。相比其他新进入者，奇点汽车更注重将汽车进行智能化变革。

今年电动汽车的销量预计 70 万辆，和传统汽车 2000 万辆的销售数量相比，市场占有量非常小。所以，不管目前中国市场上有几家智能汽车公司，在未来的 5 ~ 10 年之内，我们彼此之间都是同盟军。通过不同的市场定位，不同企业的产品可以让用户有更多元化的选择，也能让智能汽车市场的发展更为充分。

这也和汽车行业市场分散特点相吻合。丰田作为全世界销售量最高的汽车品牌，在全球市场占比也仅为 10% 左右；而在中国销售量最高的大众，在中国占比也是 10% 左右。智能汽车也是如此，产品的用户受众划分越细，说明行业发展得越成熟。

智能化的汽车更懂你

座椅位置、空调温度、转方向盘的力矩、踩油门的力度等等，这些设置和习惯会因每个人的喜好而不同。从传统汽车来看，我们每开一辆新车，都需要被动地去适应汽车，这其实非常影响开车体验。而在智能汽车上，这些操作都会变成具体的数据上传到云端。如果你出差去上海租了一辆新车，可以直接把这些数据下载到车里。于是，一辆陌生的汽车就变成了一辆懂你的汽车。

互联网带来的最大改变，就是让我们的个性化需求得到满足。这方面的变革在手机上得到了充分的体现。和智能手机之前的功能手机一样，现在的汽车还处于功能汽车的状态。每辆车的软件和硬件都是提前研发好的，然后再组装到汽车上。汽车里的每一个功能都没办法延展。

从功能手机到智能手机的一个变革之处就在于，软件和硬件的分开。比如照相功能，除了拍照可以用，网购 App 还可以用来扫描二维码，社交 App 则可以用来视频通信。是否可以拍照、发邮件、网购、玩游戏等这些具体的功能不再成为我们挑选手机的权衡因素，取而代之的是屏幕的尺寸、分辨率以及 CPU 的性能等硬件。

因此，智能汽车的设计，也需要将软件和硬件进行区分。在设计好硬件的基础上，允许软件不断更新和增加，从而给用户带来越来越细腻而丰富的体验。我觉得这是功能汽车和智能汽车的一个分界点。只有这样，汽车行业才能从旧的品类跨越到新的品类，从一个时代跨越到另一个时代。

智能汽车还应该具备学习功能。由于云端的数据是可以随时更新的，随着关于用户使用习惯和喜好的数据越来越充足，智能汽车可以越来越懂你。除了懂你以外，智能汽车还会比功能汽车更为贴心。比如汽车的雨刷器感应到了外面的雨点，它在开始刮挡风玻璃时，“下雨”这个信息被传递给了窗户，四周的车窗也随之自动关上，油门也会切换成在雨天更安全的模式。由于每一辆车都成了一个气象监测点，这些实时的监测数据反馈给导航系统以后，它会建议你走一条雨量更小、更通畅的道路。

懂你的同时还要保护好你

相对于智能手机，智能汽车有着更为重要的使命——保护用户的生命安全。当云端的数据可以影响汽车的油门、刹车、方向盘等操作时，保护操作系统不被黑客侵袭变得至关重要。由于我之前在金山和奇虎360都有和网络安全系统相关的工作经验，因此在进行奇点汽车的安全系统的研发时，有着相对比较丰富的经验。

目前奇点汽车的网络安全系统，是使用了银行级别的安全芯片，也就是说汽车所有和网络的通讯都是经过加密的，加密的密钥并不是存在内存里面，而是通过硬件的加密措施来保护。这样的保护装置基本上就可以保证了任何人都无法盗取这个密钥。

智能汽车的“安全”还有另一层意思，就是自动驾驶的安全。这其实也是基于智能汽车的学习功能而言的。目前，奇点汽车里有8个摄像头和5个毫米波雷达，这些传感设备可以相对全面地收集人的驾驶数据，学习人在不同场景下的开车习惯。然后再把这些数据上传到云端，进行深度学习，由此建立起自动驾驶的模型。这其实非常像一个新司机向老司机学习的过程。

像智能汽车一样关照自己的内心

根据马斯洛需求层次理论，基本的物质需求是人类最基础的需求，然后逐渐提升为精神层次的需求。而为人类服务的机器设备，其实也是经历了这样的发展历程。

当初的功能手机就是满足我们简单的通讯需求，然后拍照、上网等功能基本是手机的点缀。而智能手机则开始关照人类的舒适度体验、审美等这些“软性”的需求。它让我们躺在床上就可以“逛街”购物、远在国外也可以和家人“面对面”聊天，这些需求对用户来说，其实是非常没有抵抗力的。所以，智能手机代替功能手机，其实是人类需求不断升级的体现，是大势所趋。

对于汽车来说，目前的汽车其实只满足了我们最基本的开车需求。它的状态就像人类对物质需求一样，随着时代的发展，一定会变革。让汽车可以像手机一样明白主人的喜怒哀乐，关照你的冷暖孤寂。

而我们自身的发展又何尝不是如此。

创立奇点汽车是我的第四次创业，相对于这一次创业，我的第一次创业经历更为艰难。我 1998 年去日本，2000 年就开始在日本创业。在异国他乡创业，困难可想而知，一方面需要克服语言的障碍，另一方面还要面对人脉、资源等积累更为薄弱的现实。但是还是坚持了下来，并成为人生中一段十分难得的经历。

我个人亲身经历了从 PC 互联网的兴起又到移动互联网的盛行。因此常常会思考，下一个时代浪潮在哪里？智能时代或许是一个发展趋势。

当时我在奇虎360就职期间，便提出了发展智能汽车这个想法，但是由于离奇虎360的主营业务比较远以及其他原因，公司没有同意。于是，我就开始了自己的第四次创业。

创业,对于我来说,是一件乐在其中的事情。在看到了时代潮流之后,自己感兴趣，便去做了。对于年轻人来说，创业其实很容易失败，所以要淡化赚大钱的功利心，要关照自己的内心所向，让自己的兴趣开花结果，这样会更有意义。

关照到自己的内心需求，不仅是智能手机、智能汽车今后的发展趋势，其实也是我们在追求自我价值时的重要权衡要素，只有这样才能激发我们内在的动力，或许这也是我们人类文明如此辉煌灿烂的一个重要原因。

公司简介：

奇点汽车是智车优行科技有限公司倾力打造的全新智能电动汽车品牌。公司成立于2014年10月，由互联网、汽车工程、汽车设计、三电开发、汽车电子、智能硬件等不同行业精英所组成。利用互联网优势基因和汽车行业的百年积淀，并通过积极地跨界创新，奇点汽车致力于为用户提供兼具智能科技、极致体验、开放个性的新价值智能新能源汽车产品及服务。以科技诠释“懂你”，让天空更蔚蓝、让交通更通畅、让出行更安全，让每次出行都成为美好的记忆。

奇点汽车首款智能电动汽车量产车型——奇点iS6预览版于2017年4月13日正式亮相并启动了首轮预订。新车定位于中大型SUV市场，提供两驱、四驱、五座、七座多种组合配置车型，配合先进的主动水冷电池系统可实现400千米续航（NEDC标准）；同时，奇点iS6以大数据、人工智能、物联网为核心，构建新一代电子电气架构，打通动力系统、智能系统、用户系统，为年轻用户带来全新的“奇乐无穷”驾驶模式。奇点iS6计划在2018年实现量产，售价区间为20万~30万元。

发展大事记：

2014 年　10 月，车优行上海成立，负责奇点造型三电及汽车工程。

2015 年　3 月，奇点汽车的智能系统大屏首次点亮；

5 月，沈海寅正式辞去奇虎 360 副总，成为奇点汽车 CEO；

7 月，奇点汽车的智能系统在骡子车上调通、测试；

9 月，奇点汽车的三电系统在骡子车上调通、测试；

12 月，与第一家主机厂签订合作，牵手李德毅院士开展驾驶脑合作。

2016 年　3 月，发布了中国第一辆能开上舞台的智能电动汽车以及新汽车品牌“奇点汽车”；

11 月，奇点汽车宣布在铜陵建设 20 万辆产能的智能电动汽车先进制造基地。

2017 年　4 月，奇点汽车发布了首款智能电动汽车量产车型——奇点 iS6。

2018 年　奇点 iS6 将实现量产。

寒武纪科技

迈向人工智能的新时代

主讲人介绍：

陈天石博士，2005年于中国科学技术大学少年班获学士学位，2010年于中国科学技术大学计算机学院获得博士学位，目前是中国科学院计算技

术研究所研究员、博士生导师。陈天石博士牵头于2016年成立了寒武纪公司，将寒武纪研发成果产业化，现任寒武纪科技总裁。

陈天石博士，在处理器架构和人工智能领域深耕十余年，是国内外学术界享有盛誉的杰出青年科学家。在IEEE/ACM Transactions、Theoretical Computer Science、ASPLOS、ISCA、MICRO、HPCA、IJCAI、AAAI、SPAA、DATE等重要期刊和会议上发表论文40余篇。曾获ASPLOS最佳论文奖(2014)、MICRO最佳论文奖（2014）、全国百篇优秀博士论文提名奖（2012）、中国计算机学会优秀博士论文奖（2011）、中国科学院优秀博士论文奖（2011）、中国科学院院长奖（2010）等荣誉，并入选计算所百星计划（2011）、CCF-Intel青年学者提升计划（2014）、AI World世界人工智能大会Top 10年度人物（2017）。

大约5亿年前的时代在地质学上被称作“寒武纪”，大量无脊椎动物在短时间出现“生命大爆发”。陈天石相信，人工智能即将迎来大爆发的时代，所以他们将研发的全球首款人工智能处理器命名为“寒武纪”。

为什么要研发人工智能处理器芯片？因为基于历史的经验，在智能时代需要有一类专门的智能处理器芯片。寒武纪就是一个专门针对人工智能深度学习而设计的处理器，在图像、语音识别领域比传统处理器性能至少提高两个数量级，集成度也是传统处理器的数倍，让手机等移动设备搭载人工智能芯片成为可能。

2017年11月，寒武纪发布了3款全新的智能处理器IP产品。寒武纪的目标是：三年后，要力争占据中国高性能智能芯片市场30%的份额；要力争在全世界有10亿台以上的智能终端使用寒武纪的终端处理器技术。

学院派出身 看准人工智能的未来

陈天石从中国科学技术大学少年班和计算机学院分别获得学士和博士学位，2010年到中科院计算所从事科研工作，研究方向是人工智能，这是计算机科学的一个分支，终级目标是让计算机实现类似于人的智能。

在人类所有好奇的事物中，也许智能是最常见但又最神秘的一项。一旦人类能制造出和自己一样具有复杂认知和创造能力的强人工智能计算机，整个人类社会将会跨出前所未有的一大步。当然强人工智能可能需要数十年时间才能真正实现，可能要到下一代人。目前人工智能发展尚处于初级阶段，在认知问题上还有很长的路要走，但在感知方面已经能做很多事情，尤其是近年来深度学习技术大幅提升了机器看、听的能力。

陈天石和同事们做了一些研究，尝试用专用的硬件去支持人工神经网络模型，也就是前面提到的深度学习技术。其实，人脑就是利用一个由大量神经元以及连接神经元的突触组成的网络来解决问题。1943 年，搞心理学和逻辑学的科学家提出人工神经网络这一概念，但是其发展一直受到传统通用处理器低性能、高功耗的限制。人工神经网络处理器对硬件有专门的需求，这就是他们的研究目标。

在实践中，这条道路远没有想象的那么平坦，陈天石和同事们遇到了很多困难。他们提出了一系列基于人工智能方法的处理器研发技术，并多次向体系结构顶级会议投稿，最后都被拒绝了。研究经费也是一大问题。但是这些没有让他们放弃“人工智能”之梦，他们觉得，只要把研究做得更深入，外在的困难总是能克服的。

研究神经网络处理器架构多年后，从 2012 年开始，陈天石所在的中科院计算所课题组和法国国家信息与自动化研究所（Inria）的合作伙伴陆续合作发表 DianNao 系列深度学习处理器架构，这几项基础学术研究工作得到国内外广泛关注。这一系列论文多次斩获国际处理器架构领域顶尖会议的最佳论文奖，成为智能处理器领域必读的教科书式论文。

2015 年，在中科院战略性先导专项的支持下，陈天石所在中科院课题组独立研制了全球首个深度学习专用处理器芯片。随着整个课题组的研究成果趋于成熟，寒武纪科技于 2016 年成立，并着手将其芯片和指令集业务向商用方向转化。寒武纪在创立之初就得到了北京市和中关村的大力扶持，入选中关村首批前沿技术企业。2016 年，寒武纪发布了世界首款商用深度学习处理器寒武纪 1A。这款横空出世的产品打破了多项纪录，受到业界广泛关注，并入选第三届世界互联网大会评选的 15 项“世界互联网领先科技成果”。这款处理器基于寒武纪所发明的国际首个人工智能专用指令集，具有完全自主知识产权，在计算机视觉、语音识别、自然语言处理等关键人工智能任务上具备出类拔萃的通用性和效能比。

要成为支撑智能产业的新兴芯片巨头

寒武纪科技在创立之初就受到资本市场的厚爱。2017 年 8 月，媒体披露寒武纪完成 A 轮 1 亿美元融资，战略投资方包括阿里巴巴、联想、科大讯飞等企业。

寒武纪公司是含着金钥匙出身，在成立伊始就成为中国身价最高、也是最有名气的智能芯片创业公司。

中科院科学传播局局长周德进说，2017 年 7 月国务院颁布的《新一代人工智能发展规划》明确提出，要重点突破智能芯片与系统等一批关键技术，建立新一代人工智能关键共性技术体系。寒武纪处理器是中科院在智能方向基础研究的关键突破。未来通过产学研用的结合，寒武纪公司具有持续引领世界人工智能发展新潮流的潜力。

中科院计算所所长孙凝晖表示，寒武纪是中科院计算所在处理器与人工智能交叉领域超前布局的结晶。寒武纪公司在智能芯片领域占据全球领先地位，通过与产业上下游伙伴通力合作，有望引领中国人工智能产业“变道超车”。

2017 年 11 月，寒武纪发布了 3 款全新的智能处理器 IP 产品：面向低功耗场景视觉应用的寒武纪 1H8、拥有更广泛通用性和更高性能的寒武纪 1H16，以及面向智能驾驶领域的寒武纪 1M。创始人陈天石表示，与寒武纪 1A 相比，这 3 款新品在功耗、能效比、成本开销等方面进行了优化，性能功耗比实现再次飞跃，适用范围覆盖了图像识别、安防监控、智能驾驶、无人机、语音识别、自然语言处理等各个重点应用领域。

"寒武纪"的寓意就是人工智能正处于即将爆发的阶段，在智能时代，芯片的使命将从信息时代支撑经典计算任务，转变为支撑智能处理任务，这一转变必将诞生一个新的伟大芯片公司。而寒武纪的使命，就是要成为这样一家公司。寒武纪的理想，就是成为支撑智能产业的新兴芯片巨头。

寒武纪智能芯片产品的未来路线图是这样规划的：力争在三年后占有中国高性能智能芯片市场 30% 的份额，并使全世界 10 亿台以上的智能终端设备集成有寒武纪终端智能处理器。如果这两个目标实现，寒武纪将初步支撑起中国主导的国际智能产业生态。

现在，中国人工智能与包括美国在内的外国同行处在同一条起跑线上，陈天石对中国人工智能的软件和硬件技术都充满了信心，也许再过五年，寒武纪探讨的问题将是如何争夺全球市场。

公司简介：

寒武纪科技是全球智能芯片领域的先行者，其高性能的智能服务器芯片以及面向智能终端的智能处理器技术在国际上处于领先地位。寒武纪科技的宗旨是打造各类智能云服务器、智能终端以及智能机器人的核心处理器芯片。

公司创始人、首席执行官陈天石教授，在处理器架构和人工智能领域深耕十余年，是国内外学术界享有盛誉的杰出青年科学家，曾获国家自然科学基金委员会“优秀青年”、CCF-Intel 青年学者奖、中国计算机学会优秀博士论文奖等荣誉。

团队骨干成员均毕业于国内顶尖高校，具有丰富的芯片设计开发经验和人工智能研究经验，从事相关领域研发的平均时间达七年

以上。

寒武纪科技是全球第一个成功流片并拥有成熟产品的智能芯片公司，拥有终端和服务器两条产品线。一条产品线是面向智能服务器的高性能智能处理器芯片，主要面向一些大的互联网公司的智能数据技术、智能处理任务等等；另一条产品线是面向各类似智能终端的低功耗高性能的智能处理器技术，这一类技术主要面向智能手机、安防监控，或者像未来服务机器人这样的应用领域。未来这两条产品线寒武纪科技将同时展开布局。寒武纪的技术未来几年将从中科院的实验室转移到普通大众的家中、从原型的技术最终转化成能够服务老百姓生活的技术，寒武纪科技长期的目标是成为支撑智能时代的伟大的芯片公司。

2016 年推出的寒武纪 1A 处理器（Cambricon-1A）是世界首款商用深度学习专用处理器，面向智能手机、安防监控、可穿戴设备、无人机和智能驾驶等各类终端设备，在运行主流智能算法时性能功耗比全面超越 CPU 和 GPU，与特斯拉增强型自动辅助驾驶、IBM Watson 等国内外新兴信息技术的杰出代表同时入选第三届世界互联网大会（乌镇）评选的 15 项“世界互联网领先科技成果”。寒武纪 1A 处理器入选世界互联网大会代表着寒武纪的人工智能专用处理器技术水平得到了国内外同行广泛的认可。

目前寒武纪已经与智能硬件厂商、智能软件厂商、智能解决方案提供商以及从事人工智能研究方向的科研机构建立了广泛而密切的合作。在各种项目中，寒武纪和 50 多家的研究机构和单位也都建立了合作关系，例如跟京东成立了京东 - 寒武纪联合实验室，和中国科学技术大学联合成立了培养基地。在这些合作项目中，寒武纪主要是作为输出科技人才的源头在起作用。在人工智能大爆发的前夜，寒武纪科技的光荣使命是引领人类社会从信息时代迈向智能时代，推动整个智能化时代的大爆发，做支撑智能时代的伟大芯片公司。

发展大事记

2016 年 3 月，寒武纪科技公司正式创立，并完成天使融资（投资者包括元禾原点、科大讯飞、涌铧投资）；

11 月，寒武纪 1A 深度学习处理器入选世界互联网大会评选的“世界互联网领先科技成果”。

2017 年 3 月，寒武纪获得中科院北京分院科技成果转化特等奖；

8 月，寒武纪科技公司完成 A 轮融资（投资者包括国投创业、阿里巴巴、联想创投、国科投资、中科图灵以及元禾原点、涌铧投资）成为全球 AI 芯片领域第一个独角兽初创公司。

部分学术奖项：

神经网络处理器指令集和体系结构研究，获中国计算机学会科学技术一等奖。

国际首个智能处理器指令集——Cambricon ISA，获 ISCA 2016 同行评议最高分。

国际首个多核深度学习处理器架构——DaDianNao，获 MICRO 2014 最佳论文奖。

国际首个深度学习处理器架构——DianNao，获 ASPLOS 2014 最佳论文奖。

3

第三章 创新的交响

航材院铝合金所

石墨烯的“热发展”与“冷思考”

主讲人介绍：

王旭东，男，博士，1980年6月出生于内蒙古通辽市。中央企业青年联合会委员、现任航材院铝合金所石墨烯课题组组长、中航装甲科技有限公司总经理、天津市东丽区科学技术委员会副主任（挂职）、北京工业大学硕士导师。

拥有“国家重点基础研究发展计划（973计划）”、国家科技支撑计划、国家自然科学基金项目、军品配套、重点型号、关键材料攻关等项目研究经验。2014年开始带领团队研发了系列化的石墨烯铝导线材料，开发的8C05和8C12两种牌号石墨烯铝导线材料成为我国第一种进入国家标准的石墨烯工业应用产品，2016年实现成果转化收益1亿元。开发了我国第一代系列化石墨烯轻质装甲材料，突破了多项核心材料技术，解决了关键技术问题，为我国新型装备研制、现有装备技术水平提升做出了重大贡献。在石墨烯改性钛合金方面，在我国首次提出了高导热石墨烯钛合金材料的概念，成功将钛合金材料的导热系数提高了21.7%；利用石墨烯高导热性能开发了新型石墨烯电子封装材料，为我国卫星TR封装雷达的研制提供了材料基础。

工作至今获得多项国家和省部级奖励：全国质量协会奖（2014）、全国六西格玛项目发表赛冠军（2015）、“中青年科技创新先锋人才称号”（2016）、中国科协求是杰出青年成果转化奖（2017）等。

曾有人断言，如果20世纪是单晶硅（电气）的世纪，那么21世纪就是石墨烯的世纪。我们可以发现，从石器时代到青铜时代、从钢铁时代到单晶硅（电气）时代，人类技术进步的每一次突破，都和材料技术的发展有密切的联系，而石墨烯是被科学家公认的下一代革命性、战略性材料。

厚度仅为0.334纳米的石墨烯具有一系列优良的特性。“最坚实”——石墨烯是有史以来被证实的最结实的材料，其强度是钢的100多倍；“导电最快”——石墨烯也是已知材料中电子传导速率最快的材料。此外，石墨烯还具有97.7%的透光率——透光最好，并且导热率最好，导热率达5000瓦/（米·度）。

2004年，安德烈·海姆和康斯坦丁·诺沃肖洛夫通过机械剥离法发现了石墨烯的存在。2010年，这两位科学家获得了诺贝尔物理学奖。自此，石墨烯开始走进大众视野。

赢在起跑线的石墨烯研究团队

石墨烯刚被发现时，知晓这种材料的人并不多。1956年就成立的中国航发北京航空材料研究院（以下简称“中国航发航材院”），由于任务需要，2006年成立了包括3D打印、材料基因组、石墨烯的三个面向下一代装备的先进材料及制造创新中心。

经过两年的努力，2008年，中国航发航材院的科研人员便掌握了石墨烯粉体制备技术，四年后成立了面向未来航空技术的石墨烯及应用技术研究中心。这个创新主体成立以后，中国航发航材院的石墨烯及应用技术开始步入快速发展阶段。

中国航发航材院的石墨烯研究团队培养出了以 40 多名年轻博士为骨干总计 100 多人的核心创新团队，后来又突破了大尺寸石墨烯薄膜制备技术、石墨烯铝合金、石墨烯钛合金、石墨烯橡胶材料等关键技术，并成立了石墨烯及应用研究中心。目前已形成 40 多个研究方向，8 年累计开发新材料 200 余项。

为推进石墨烯应用技术研究和产业化，2016 年中国航发在航材院近 10 年石墨烯及应用技术基础之上联合北京市，采用央地联动模式成立了新型创新主体——北京石墨烯技术研究院，打通技术链、融合产业链，将石墨烯应用技术推向产业化。

2017 年，北京石墨烯技术研究院正式进入建设期，北京市政府为我们协调了试验基地，成立了全国第一个石墨烯创新技术中心，建成了中国第一条面向工程应用的石墨烯应用技术中试基地，这个中试基地共有 18 个实验室，占地 8800 平方米。英国正在准备建设国家级别的石墨烯工程创新中心，将以北京石墨烯技术研究院的中试基地作为建设蓝本。

在中国航发航材院积累的深厚基础上，北京石墨烯技术研究院完成了 12 项科技成果转化，累计完成科技成果转化合同 7.5 亿，已经执行了 4.5 亿。

北京石墨烯技术研究院之所以可以如此快速地推动石墨烯的成果转化，其中很重要的一个原因就是盘活了各方资源。一方面吸引了社会资本以股权等方式进入，另一方面也给予了科研人员虚拟股权，从绩效上激励调动科研人员的积极性，提升了我们的“造血”能力。从某种程度上说，这也是北京石墨烯技术研究院从中国航发航材院“另起炉灶”后的优势所在。

向世界输出石墨烯发展的中国方案

石墨烯是一个典型的军民两用材料。在军民融合的倡导下，北京石墨烯技术研究院有一部分科研人员专门做军用技术开发，作为国防重点实验室，技术领域涉及飞机、发动机等特殊材料，并由此扩展到船舶、航空航天、核工业等领域。另外一部分科研人员，则进军国民经济主战场，进行新能源电池、铝合金电缆等民用材料的开发。

在2014年，北京石墨烯技术研究院的科研人员，突破了石墨烯铝合金电缆技术，将石墨烯材料加入铝合金里面，第一次实现了在世界范围内石墨烯和金属的完美融合，制备出石墨烯增强或改性金属基复合材料。

目前，我们已经把这项技术输入给了新疆的一家企业，并且该企业已实现产业化，2018年将累计实现1000吨生产，但面对国家每年上百万吨的需求，未来还有巨大发展空间。

北京石墨烯技术研究院以自身在石墨烯产业化生产方面的先进水平，吸引了国外三个高水平的科研团队，包括两位英国皇家工程院院士和诺贝尔奖获得者康斯坦丁·诺沃肖诺夫。

北京主创新，京津冀主平台、全国大网络

“北京主创新、京津冀主平台、全国大网络”是我们今后发展的一

个重要蓝图。海淀区已经形成了北京石墨烯创新技术集中地，以北京石墨烯技术研究院为中心的 15 公里半径范围内，囊括了北京大学、清华大学、北京航空航天大学、中国航发航材院等石墨烯技术优势科研资源，还有提供检测的机构，以及华为研究院、航天城等用户单位，满足了石墨烯创新技术对人才、设备和试验的系列化需求。

除了这些方便可及的资源以外，“北京主创新”还体现在对中小型技术企业的孵化上。目前我们正在中关村房山新材料产业技术推进建立 104 亩的种子企业孵化基地。推进石墨烯技术先从最初的创新单元开始，然后再孵化成体量比较小的创新型企业，最后再成长为行业的独角兽企业。

“北京主创新”的另外一个维度是服务北京，我们不仅要把技术变成企业，还要把技术与北京的需求相结合。以燕山石化为例，这个位于北京市的大型央企，为市民提供了大量的送气、送暖等服务。现在，由于化工原材料的利润空间非常有限，燕山石化也面临着转型升级的生存考验。现在，我们利用自身的技术优势来支持这类传统化工企业进行升级，进而支持它转型。而与此同时，燕山石化的转型发展也势必将推动北京整体的转型发展。

“京津冀主平台”则是指在北京把相关技术培育成熟，然后再转到京津冀，推动京津冀地区的创新发展。目前已投资 40 亿，在天津市东丽区已建成厂房面积 77400 平方米的规模化产业集群。

同时，根据产业技术的发展需求，北京石墨烯技术研究院已经形成了北到鸡西，南到深圳，西到新疆的“全国大网络”。针对西部能源资源比较密集的优势，在新疆乌鲁木齐落地了石墨烯铝合金电缆项目，在银川市落地了石墨烯正极材料项目，在长三角地区和珠三角地区落地石墨烯电子材料项目。

石墨烯的“冷思考”

中国航发航材院从 2006 年就开始研究石墨烯，但彼时的石墨烯几乎无人问津。2010 年，石墨烯的发现者获得诺贝尔奖，石墨烯市场迅速引来无数资本进入，在中国表现得尤为明显。

石墨烯“热”起来以后，一方面引起了社会和政府的重视，而另一方面，鱼龙混杂的现状可能会不利于石墨烯整个行业的发展。

作为整个行业的一分子，其实我很希望石墨烯的发展是一种“百花齐放，百家争鸣”的状态，这有利于彼此的良性竞争。但现实情况是，有些人盲目地进入石墨烯市场，因为自身对石墨烯的研究和了解不够，导致了他们的发展状态没有很理想，而这些人反而将自身的失败归结于石墨烯，从而唱衰石墨烯。这是我个人非常不愿意看到的情况，因为这会影响普通大众对石墨烯的信心。

在把包括石墨烯铝合金电缆、石墨烯改性锂电池等在内的所有新产品推向市场的过程中，一定会经受大众对其信任度的考验。所以，行业的信心需要每一位身处其中的从业者以身作则，从点点滴滴的积累中将这份信任建立起来。否则，整个行业的发展都会步履维艰。

此外，北京石墨烯技术研究院作为一个整体，完美地将产、学、研、用、融进行了有机结合。“创新驱动、需求牵引、协同发展”，这十二个字是我们遵循的发展方法，这三组词，也正好构成了主、谓、宾的结构。创新驱动，是解决好内部人员的创新问题，提升自身的“造血”功能；需求牵引，就是要搭建好平台，将企业、市场的需求牵引进来，而不是直接去做市场和销售；协同发展，则是做好技术服务，为政府、企业和市场进行技术输出，从而调动各方资源，促进彼此的共同发展。

北京市石墨烯技术研究院作为一个连接前沿科技和市场需求的平台，不仅可以让教授们心无旁骛地进行科研，同时还让科学技术走出实验室、走近老百姓的生活，打通产、学、研、用、融各通道，为我国科学体系的建设贡献一份自身的力量。

公司简介：

北京石墨烯技术研究院是由中国航发集团公司和北京市政府发挥央地联动优势，基于中国航发北京航空材料研究院近10年的石墨烯创新研发成果，共同出资联合发起设立的专业从事石墨烯创新技术研究及产业孵化和投资的国有控股大型专业机构。

北京石墨烯技术研究院拥有一流的多学科专业交叉、朝气蓬勃的创新团队和专业涵盖广、经验丰富的应用研究团队。根据航空材料、军用材料及民用材料发展需要，创造性开创了40余个石墨烯应用研究方向，与中国航发、中航工业、核工业集团、兵器集团、中船重工、国家电网、中国石化、中国中车等企业合作开发了12类60多种石墨烯新材料，200余项石墨烯应用新产品，获得国际、国内发明专利235项，多项石墨烯科技成果也已应用在军工尖端科技，受到国资委、工信部和科工局的高度关注。

北京石墨烯技术研究院是我国第一家省级科学技术委员会挂牌的应用技术研究中心，也是第一家省级经济和信息化委员会挂牌的产业创新中心，是科技创新与产业化推动的融合体，是打通我国新材料领域创新技术→应用技术→产业化路径的重要创新，是解决创新与产业化“两张皮”的强力黏结剂。

北京石墨烯技术研究院在石墨烯材料研究及成果应用转化方面优势明显。石墨烯铝合金导线和石墨烯电子封装材料作为“中国制造2025”典型产品进入工信部新材料首批重点应用示范项目；石墨烯橡胶夹布膜板通过了中国铁路总公司的专家技术鉴定，可以替代目前的进口材料并开展运用考核；石墨烯铝合金电缆项目进入产业化；第一家石墨烯产业化项目——中航装甲科技有限公司运转良好。在国际上具有较高的影响力，与英国国家石墨烯研究院（NGI）联合成立了世界上第一家国际合作实体——“石墨烯航空航天材料联合研究中心”。

北京石墨烯技术研究院将建设“全球一流的石墨烯复合技术研究及产业孵化中心”，使北京成为全球石墨烯创新网络的关键枢纽，全国石墨烯产业创新发展的协同中心，国家石墨烯高端产业的主引擎和主力军。

发展大事记：

2016 年　12 月 29 日，中国航发党组讨论通过成立北京石墨烯技术研究院有限公司，中国航发石墨烯应用研究和产业化进入新纪元。

2017 年　4 月 11 日，北京石墨烯产业创新中心正式授牌；

11 月 15 日，北京石墨烯产业创新中心专家委员会成立。

九天微星

卫星应用驱动商业航天全产业链

主讲人介绍：

谢涛，九天微星创始人兼CEO。北京理工大学工程学士，中国人民大学公共管理硕士，中科院西安光学精密机械研究所卫星应用工程研究中心主任，西北工业大学创业导师，“太空创客联盟”发起人，“一带一路共建共享卫星星座”倡导者。

曾于中国航天科技集团公司、国家国防科技工业局等机构任职10余年，全程参与过“嫦娥工程”和载人航天工程等国家项目，在航天工程管理、商业航天运营及航天技术应用转化等领域积累了丰富经验和独有见解。

2015年创立九天微星，聚焦微小卫星的总体设计、核心技术研发与创新应用。将IT模式与文创基因引入商业航天产业，整合航天系统内外优势资源，推出低轨小卫星，实现万物互联的创新。带领团队先后荣获第十八届中国科协年会暨全国科技工作者创新创业大赛金奖与最佳商业投资价值奖，第六届中国创新创业大赛互联网与移动互联网行业成长组冠军。

2016年4月，启动首届“中国少年微星计划”，吸引10多万名中小学生参与“少年星一号”功能创意，推动青少年和教育机构参与太空探索。

2017年5月20日，代表九天微星与ofo创始人戴威共同发布“X计划”，将合作发射民用娱乐卫星。同年，带领九天微星完成中国首颗教育共享卫星“少年星一号”的研制和检测。“少年星一号”于2018年2月2日成功发射，面向全国中小学校开放卫星通信资源，重新定义我国中小学航天科普教育场景。

初心：带动各行各业定义卫星应用新场景

现在流行聊“初心”，很多人也问过我，创立九天微星的初心是什么？

在公司创立之前，有一件事情对我触动很大，就是2014年马航MH370失事，当时我还在航天系统内工作。事情发生后，国家紧急调用了卫星参与搜寻，但至今仍未寻获。

这种情况要是发生在半世纪以前还可以理解，但在如今这个信息高度发达的时代，如此庞然大物和几百名乘客就这样找不到了。我们的卫星不少，但是真正遇到极端情况的时候，应急能力还是跟不上。想来想去，我觉得问题出在卫星应用上。确切点说，低轨小卫星的应用没有得到充分重视和开发。

那会儿，我已经在航天“国家队”工作了十几年，全程参与过“嫦娥工程”等国家项目。据我们了解，全球有地面基站信号覆盖的区域只占地球表面积的10%，海上、人烟稀少的地区都缺乏通信设施。要想在这些区域实现实时的信息监测和数据回传，性价比最高的办法是在距地表500 ~ 2000千米的轨道空间部署数量可观的小卫星。

而在那时，美国的商业航天已经如火如荼。OneWeb等公司开始筹备规模庞大的低轨星座计划，目标是在全球任何地方、任何时间都能够实现“互联互通”。

我也开始思考，是不是可以通过“双创”的大潮参与到商业航天中来，以市场力量开拓卫星的应用领域。时间走到2015年，国家政策明确鼓励民营企业发展商业航天，这一年也被称作中国的“商业航天元年”。

我感觉机会到了。

2015 年 6 月，我和伙伴们成立了九天微星，聚焦微小卫星的创新应用与星座运营。形象点说，我们要改变“放卫星”在大众脑海中的高冷形象，带动各行各业共同定义卫星应用的新场景。

当时我们写了一句话来介绍九天微星：“仰望星空，我们的征途是星辰大海；万物互联，只为拉近你我的距离。”

这句话里有我们浪漫的初心，也有我们务实的方向——快速部署低轨通信小卫星星座，与地面电信网络一起构建“天地一张网”，为全球范围内，特别是无地面网络覆盖区域（海陆空天）的各类资产提供实时通信服务。

启航：两步走，走到“互联互通”

愿景是美好的。现实却是，创业之初我们带着这样的想法去找投资机构时，对方要么一头雾水，要么不感兴趣，更多的投资人认为我们简直是异想天开，勉强听完回去算了算账，就没下文了。

如今的九天微星，经过近三年的成长，在技术实力、团队规模、市场能力等多个维度跻身行业前列，也受到资本市场和国家航天部门越来越多的支持。2017 年底，在第六届中国创新创业大赛中，我们从全国两万多个参赛企业中突围，获得互联网及移动互联网行业总决赛成长组一等奖。放在三年前，这样一个初出茅庐却想“放卫星”的企业肯定连初赛都过不了。

九天微星目前的两大业务主线是“星座 + 物联网应用服务”和“立

方星＋教育应用系统”。2017 年，教育板块给我们带来了大概 3000 万元的营收，并且保持着稳定的增速。

今年 2 月，我们成功发射首颗验证星，实现包括卫星研制、发射测控、创新应用内的“立方星＋教育应用系统”的商业闭环；2018 年底，我们将以“一箭七星”方式发射七颗小卫星，实现系统级验证和首次试商用运行；2019 年上半年，以“一箭四星”的方式启动星座组网和正式商用，争取在 2021 年底完成 72 颗物联网小卫星的部署。在此基础上，九天微星计划在 2025 年前完成由 800 颗低轨小卫星组成的互联网星座，为全球提供无缝宽带接入服务。

为什么敢于坚持这样的梦想？我们不仅抱有技术信仰，更尊重商业逻辑。

我对卫星物联网的理解是，它的属性并非传统制造业，而是行业应用服务业。星座建设固然要经历卫星研制阶段，但其产值源于为用户提供服务，因此它的打法应该和互联网有相通之处，要非常注重运营创新和市场创新。

2017 年 5 月，我们和 ofo 联合发起了“X 计划”，将合作发射民用娱乐卫星。这对九天微星和 ofo 来说都是一次大胆的尝试。这颗卫星搭载了星光闪烁、太空自拍、太空 VR 等全新的功能载荷，研制起来不算容易，后续它还会进行共享单车定位验证，为单车停放管理提供卫星物联网技术支持，也为物联网星座的部署做好技术准备。

围绕“星座＋物联网应用服务”，我们还与三一重工、中集集团、中信戴卡、中移物联网等大型企业建立合作，在工程机械、集装箱、物流、智慧轮毂、野生动物保护等领域推动终端应用落地，在卫星发射前实现卫星物联网主营收入。

传统航天的优势体现为技术实力和体量庞大，而商业航天的优势在于多层面的灵活创新和快速决策部署。我们希望成为这条赛道跑得最快的选手。因为这个领域未来的竞争格局不会是大鱼吃小鱼，而很有可能是快鱼吃慢鱼。

思辨：商业航天如何定义卫星的成功

最近我在思索一个问题，商业卫星成功的标志是什么？

商业航天有技术门槛，因此成功发射了航天器往往会让人觉得万事大吉。但作为企业管理者，当我们审视企业价值时，一定不是依据发射了多少航天器，而是始终盯紧为用户创造了多少经济效益。

以前，卫星发射上天，太阳翼一展开，功能载荷开始工作，这颗星就算成功了，可以去庆祝了。但在商业航天领域，这还远远不够。

卫星只是我们为客户提供服务的一个节点。卫星的载荷、地面终端、应用系统、测运控必须形成完整的服务体系，最终满足客户的需求，并且是通过低成本、高效率的方式实现的，才能称之为商业卫星的成功。

顺着这个思路，九天微星当前最需要培养哪类人才呢？有商业意识的航天工程师。

我们做商业航天的，必须具备商业闭环的逻辑，这样才能保证企业强大的生命力。不仅是卫星这方面的工程师，我们所有成员都要有商业意识。

所以我们也设计了创新的体制。无论是卫星的设计、研制还是运营、市场，每个人都能充分得到回报。

只把卫星做牛没有用，还得卖得好；只找到市场也没有用，还得有好产品提供核心价值；只做好地面工作也不行，如果天上没有卫星，可能学校或者研学基地不会用你的方案。但是我们把这些环节组合在一起，每个部门、每个领域都进行充分的协作，形成一个完整的商业系统为客户提供服务，就能够创造卓越的应用价值，得到市场和社会的认可，收获溢价的等比回报，然后再回馈给所有环节的九天人。

展望：好奇心激发更伟大的创新

我们的努力正在受到越来越多的关注，一个直观的变化体现在“找钱”上。如今主动找上门来的投资人越来越多。说到这里，得感谢孙正义投资 OneWeb 并且广泛宣讲投资逻辑，提升了资本界对商业航天的接受度。国外商业航天风起云涌，也拉动了国内商业航天的热度，我们就不用每次都跟投资人“从头说起”了。我们的供应商和上下游企业的队伍也在逐渐壮大，能逐渐感觉到商业航天的生态正在形成。

再说长远一点，人类肯定会走向太空。美国建筑学家富勒有一个观点，如果把地球看作是一艘在宇宙中航行的飞船，我们都是船上的船员。其实每个人天生就是宇航员，围绕太阳，在银河系里转。

在物质贫乏的年代，人们可能更关心衣食住行。但在这些基本需求得到满足后，好奇心会激发更伟大的创新和创造，会带领我们不断探索未知的边界。

这是我们正在做的事，也是这件事最让人着迷的地方。

公司简介：

北京九天微星科技发展有限公司成立于2015年6月，是中国商业航天领域首批国家高新技术和中关村高新技术“双高”企业。经过近三年的发展，在技术实力、团队规模、市场能力等多个维度，九天微星都已成为中国商业航天的业界翘楚。

卫星应用是商业航天发展的核心驱动力。九天微星将通过快速构建低轨通信小卫星星座，为全球范围内，特别是无地面网络覆盖区域（海陆空天）的各类资产提供“万物智联”的实时通信服务。

九天微星2018年2月2日成功发射首颗验证星，实现包括卫星研制、发射测控、创新应用在内的“立方星+教育应用系统”商业闭环；2018年11月以“一箭七星”方式发射7颗小卫星，实现系统级验证和首次试商用运行；2019年上半年以“一箭四星”方式启动星座组网和正式商用，于2021年底完成72颗物联网小卫星布局。在此基础上，九天微星计划在2025年前完成由800颗小卫星组成的低轨互联网星座，为全球提供无缝宽带接入服务。

围绕“星座+物联网应用服务”，九天微星与三一重工、中集集团、中信戴卡、中移物联网等多家行业用户和合作伙伴达成合作，在工程机械、集装箱、物流、智慧轮毂、野生动物等领域实现物联网终端应用落地，在卫星发射前实现卫星物联网主营收入。

九天微星物联网小卫星星座的单颗卫星质量不超过100千克，寿命不低于5年。卫星运行轨道高度约为700千米，采用低地球轨道。整星供电功率不小于400瓦，可在地面终端200毫瓦输出功率下实现星地物联网信息收集，单星同一时刻接入终端数量大于1500台，单星一小时系统消息容量不少于100万条。地面终端上行速率为2比特率，终端接收数据下行速率为4～8比特率。

目前，九天微星团队规模达到120余人，汇聚航天工程、通信技术、芯片设计、文化创意、市场运营、STEAM教育领域的优秀人才。基于这样的跨界组合，九天微星能够持续突破传统模式，定义小卫星创新应用场景，建立商业航天的开放式创新平台，引领行业新生态的建立与发展。

发展大事记：

2015年　6月25日，北京九天微星科技发展有限公司成立；

10月，获数百万种子轮投资；

11月，在中国青年报、中青在线主办的"未来创客实验室总决赛"中荣获最佳创意奖。

2016年　4月24日，启动首届"中国少年微星计划"；

7月，获西科天使千万级投资；

9月，获第十八届中国科协年会全国科技工作者创新创业大赛金奖和最佳商业投资价值奖；

11月，获中关村高新技术企业认定。

2017年　1月，在海南文昌举办首届少年微星创客特训营，并发布国内首个标准立方星套件；

5月20日，与ofo小黄车联合发布"X计划"，将共同发射全球第一颗民用娱乐卫星；

6月，发布"一带一路共建共享卫星星座计划"，提出卫星星座"共建共享"模式；

6月，与瑞士航天公司Syderal签署战略合作备忘录，将共同研制星载高端载荷与地面终端，并共同开拓亚洲及欧洲低轨卫星应用市场；

6月，成立欧洲研发创新中心；

8月28日，九天微星作为中国商业航天及"一带一路"创新民营企业代表，应邀出席了在哈萨克斯坦举行的"2017首届上合丝路协同创新国际论坛”。九天微星联合创始人兼COO彭媛媛在会上发表演讲，并对九天微星“一带一路共建共享卫星星座计划”进行了详细介绍；

8月，获国家高新技术企业认定；

10月，获得国家工信部核发的空间无线电台执照；

10月，获第六届中国创新创业大赛互联网及移动互联网行业总决赛成长组冠军；

11月30日，与西安微电子技术研究所（771所）就低轨小卫星物联网星座研制与应用业务达成战略合作；

12月12日，与哈萨克斯坦国家航天机构签署合作备忘录，将以哈萨克斯坦为首站推动“一带一路共建共享卫星星座计划”；

12月，获中国（天津北辰）直通硅谷创新创业大赛企业组一等奖；

12月27日，与国防科工局新闻宣传中心达成战略合作；

12月，与意大利航天公司D-Orbit签署合作备忘录，将在卫星制造、测试和发射等方面加强合作，并共同开拓欧洲市场；

2018年 1月，成立硅谷研发创新中心；

2月1日，与央视少儿、国防科工局新闻宣传中心联合出品的大型少儿科技情景喜剧《微星时代》在央视播出；

2月2日，发射全国首颗教育共享卫星“少年星一号”；

2月6日，完成规模过亿元A轮融资；

2月14日，“少年星一号“完成在轨测试，发回多组对地成像数据；

2月，启动中国商用卫星物联网计划，将于2018年底发射一箭七星“瓢虫系列”，验证物联网通信关键技术和多卫星组网能力，开展系统级商用试运营；

3月，与美国RealSilicon签署AI芯片合作协议，将在物联网星座通信终端的智能化方面加强合作；

3月，成立成都子公司（成都九天微星物联网技术有限公司）；

4月4日，中标中信戴卡智慧轮毂项目，九天微星首个卫星物联网应用实现行业落地；

4月9日，与成都天奥集团有限公司高新航天分公司签署战略合作协议，将在空间信息综合应用、物联网、空间试验、卫星窄带通信、航天测运控等领域展开深度合作；

4月10日，与中移物联网有限公司签署OneNET认证合作伙伴（OCP）协议，联合打造高价值智慧物联网解决方案；

4月24日，九天微星低轨物联网卫星星座和航天教育创新应用亮相中国航天日主题宣传片；

4月24日，与北京理工大学教育基金会签署协议，将捐赠100万元人民币，用于北京理工大学空间法学科建设及智库建设；

4月24日，发布“JT50计划”。这是基于九天微星自有低轨卫星物联网星座，向行业伙伴和用户提供的天地一体化解决方案的验证项目。

三聚环保

靠创新实现“天蓝、水清、地沃、人善”的梦想

主讲人介绍：

林科，男，1962 年出生，中国国籍，无境外居留权，中共党员，教授级高级工程师，大学本科学历，毕业于北京科技大学。1997 年

6 月创立北京三聚化工技术有限公司并任董事长兼总经理。2000 年 6 月起担任北京三聚环保新材料股份有限公司副董事长兼总裁。公司多项专利发明人，现为北京市门头沟区政协委员，2003 年被评为门头沟区科技拔尖人才，2009 年被评为中关村科技园区优秀创业者，2012 年被福州大学聘任为兼职教授，2016 年被评为年度中国石油和化工行业影响力人物，获 2016 年全国企业现代化管理创新成果一等奖。

2017年，是三聚环保成立20周年。20年前，我和现在的很多年轻人一样，发现市场的痛点，通过创新改变生活，靠一把拼劲儿创立了三聚环保。

创新的精神和文化是三聚公司的灵魂。这20年，通过技术创新、商业模式创新，三聚不断地探索新领域、开发新业务，一次次打破发展的天花板，实现自我超越，而跨界思维和融合发展又使公司的创新如虎添翼，势不可挡。如今，公司重点推广应用煤炭清洁转化技术、重质原料悬浮床加氢转化技术、新一代脱硫新材料和净化剂回收循环利用技术以及煤油化生物质产业融合发展系统技术等，在创业板挂牌上市。

黑格尔说过："要是没有热情，世界上任何伟大事业都不会成功。"我们期待，有朝一日，三聚环保将成为世界上首屈一指的绿色能源公司，让"天蓝、水清、地沃、人善"的理想成为现实。这是三聚环保的梦想，也是我们这家企业对国家、对社会、对行业的担当。

误打误撞发现了脱硫新材料

1987年，我从北京钢铁学院的热能工程专业毕业。我最初被分配到一家国企，觉得一眼能望到头的工作没意思就辞职了，然后通过自己努力到美国留学，后来因为要照顾生病的母亲回国。

这期间，我一直关注着石油化工行业的发展，身边也有不少人在这个行业里工作。一次，我和行业里的人聊天，问他们："石油化工工厂里有哪些问题不好解决？"他们告诉我，污水处理过程中的脱硫净化问题不好解决，会带来污染。

脱硫剂广泛应用于石油与天然气开采、石油炼化、煤化工等行业，用于脱除硫化氢和二氧化硫，是能源工业生产中重要的环保材料。在世界范围内，高效脱硫材料价格昂贵，难再生，脱硫成本高，一般企业难以承受。而传统的铁系脱硫剂虽然价格低廉，但硫容低，脱除效果不佳。市场上常规铁系脱硫剂理论硫容仅为30%，工业产品实际硫容不到15%，且再生成本高昂，使用后只能作为工业废弃物，仅我国每年产生的固体脱硫废剂就多达几十万吨。这不仅造成资源浪费，也给环境带来了严重污染。

我觉得这是个商机。我找到合作者——北京大学化学系的刘振义教授，就如何分离影响脱硫活性的固体物质进行探讨，刘教授从结构化学角度深入分析后，建议采用其他化合物与亚铁盐进行合成反应。

我们决定成立一家公司来从事这个行业。那个时候特别流行起洋名儿，但我特别希望展现我们是一家中国本土的公司，又是三人凑一起创业，所以起名“三聚”。

1997年6月3日，我和张杰、刘振义共同出资注册成立了北京三聚化工技术有限公司，注册资本10万元，这是三聚环保的前身。这家公司的法定代表人是我，我们开始从事新型脱硫剂、硫醇转化催化剂，SJ分子筛等高科技产品的研究。

我们开发第一个产品的目的就是解决脱硫问题。经过反复试验，并采用特殊的混合方法，终于合成出了一种新型铁基脱硫材料试样。当我们拿着这些新剂进行脱硫试验时，在场的同事几乎惊呆了，新材料硫容竟高达60%，且反应速度极快。

做实验其实就是“试”，我们尝试用不同的温度处理铁和钙，生成了很多样品。创业初期很不容易，虽然实验环境简陋，累了就铺凉席睡在地上，但幸运的是，当我们拿着试验品去检验后发现，RD 图谱检测竟无衍射峰出现，而在高倍显微镜下观测为极微小晶体或无定形晶体结构。

具有世界领先水平的无定形羟基氧化铁新型脱硫材料从此诞生了！我们靠自己的坚持和创新“蒙对了”一个新材料！

后来，我们拿着这种新材料到中石化的工厂里去实地检验脱硫效果，也得到了很好的效果，后来还得到了中石化 1998 年的科技进步奖。我们立即着手尝试批量生产。

我的热情感染了和我一样钻研脱硫新材料开发的同事，进而攻克了工业合成难题。2006 年底，无定形羟基氧化铁脱硫剂在国际上首次实现了工业化生产，生产技术工艺日趋成熟，产品质量稳定，为大规模工业化应用奠定了基础。

这种新型脱硫材料及脱硫剂的大规模工业应用，从根本上消除了常规固体脱硫剂应用产生的二次排放及污染，环保效益及社会效益显著。2014 年，三聚环保以此新材料为基础研制的浆液法脱硫法、“一站式”脱硫服务等成套技术已成功应用于美国页岩气开采，工业生产硫容高达 56.7%，非常接近 60% 理论值。并以其成本低、效率高、可回收的显著特色，受到业内的关注和客户的高度认可。

就这样，三聚误打误撞发现了一种新材料，有了第一款产品，赚到了第一桶金，也是迄今为止的拳头产品。

借助资本扩张把小生意变成事业

1999 年的时候，我们建立了独立的、自有的研发中心，公司由最初的一间办公室变成了在北京奥林匹克中心租用研发办公及试验场所 200 平方米，研发队伍由大学教授、讲师、研究生、业内技术人员等组成，研发工程师达 11 人。

但一家初创公司想要发展，总要解决融资的问题，当时也有一些机构想要投资三聚。可那时候一吨脱硫剂能赚好几万，公司并不缺钱，我们这个知识分子比较多的团队对资本运作并不熟悉，大家最初有些抗拒资本。

我心里却想：不能只做小生意，要把这件事儿做成事业！我以这个理由说服了大家。

2000 年 6 月，公司第二次增资扩股，公司引入大股东“北京海淀科技发展有限公司”，注册资本增至 3000 万元，成立了第一届董事会，刘雷先生任董事长、法定代表人。这家具有国家背景的投资企业对我们团队非常信任和尊重，放手让我们自己经营和管理，我也主动让出了控股权，为的是让企业更好地发展。

与此同时，2001 年 5 月，在门头沟区石龙工业区注册成立“北京三聚环保新材料有限公司第一分公司”，主要承担公司石龙生产基地的产品生产任务。

另一方面，在 2003 年 12 月 19 日，三聚收购沈阳催化剂厂，设立沈阳凯特催化剂有限公司，公司从此正式进军催化剂生产制造行业，业务范围大幅拓展。

可面对一家经营多年的老厂，三聚面临着如何融合和激励沈阳催化剂厂老员工的难题。当时，我和老员工们座谈，他们提出了涨工资的要求。

你们自己给自己定工资！我临场应变，说出了一种新的管理方式，按照员工自己能完成的任务量给自己定工资，100万销售额领1000元，承诺销售额后第二天工资就发到员工手上。

三天后，员工报上了工资单，最多的一个人给自己定了7000元。这意味着，有的人工资翻了10倍，但动力也是压力，有不少员工后来回忆当时好几天都睡不着觉，媳妇儿半夜都要求他去撤回承诺。

大家都像疯了一样去跑市场，最终所有人都完成了任务！到了2004年，三聚的销售额已经过亿！有人问我难道不担心这些员工拿了工资跑了吗？我认为，只有信任才能让员工为公司发展贡献力量。

那几年，三聚引入了很多人才，也改变了很多人的生活。另外，中关村也给了我们很多帮助，并且让我们了解到创业板。

2010年4月27日，三聚在深圳证券交易所创业板成功挂牌上市，北京市政府副秘书长戴卫、海淀区副区长付首清出席，公司领导及员工20余人参加了上市仪式。当晚，公司召开上市成功答谢酒会，公司员工及社会各界人士180余人出席，中关村管委会主任杨建华先生、深交所发行部门领导出席。

2010年7月1日,三聚被中关村科技园区海淀园管理委员会评为“中关村国家自主创新示范区核心区重点创新型企业”。

创新和融合才能实现三聚梦

回想创业路，有感触我最的是，只有不断地创新和融合才能让公司具有核心竞争力！

2012年的时候，三聚把目光投向了悬浮床技术。可几乎所有人都不赞成，那时候周围要是有 100 个人，就会有 100 个人把头摇得像拨浪鼓一样。

毕竟，悬浮床技术对于炼油工业来讲意义太重大了，技术难度之大和系统之复杂不是一般人敢碰的，国内外多家顶尖的专业研发机构和大型石油公司都在这项技术上栽了跟头。我们一个“小字辈”的公司能有多大本事？

可是，随着开采技术的进步，世界原油重质化、劣质化趋势日益加重。据 CNPC 预测，在全球可开采的原油储量中，重油和油砂合计达到 52%。催化裂化、延迟焦化等常规原油加工技术在重油面前越来越力不从心，世界炼油工业面临着巨大的挑战。悬浮床加氢技术在重油加工上具有其他技术无可比拟的优势，受到普遍青睐。谁先掌握了这项技术，谁就赢得了世界石化能源的主动权。

做出这样的决定，我不是一时的冲动，也不是要出什么风头。我心里非常清楚，悬浮床技术是一项高投入、高难度、高风险的“三高”技术，开发过程中任何的疏忽大意，都会前功尽弃。但从立志要搞悬浮床开始，我内心就极其坚定，在我们所能想到的每个关键点、每个细节都做了缜密的安排。

这时候，三聚就体现了融合的魅力。我们的专家团队集合了国内外这个领域的领军人才，在催化剂、反应工程技术、关键工艺、核心设备的研发和设计等各个关键环节上进行了完善的布局和系统的攻关。不成功只是过程，而成功是必然的！

经过几年的不懈努力，2016 年 2 月 21 日超级悬浮床工业示范装置一次开车成功并实现平稳运行。那么难加工的高钙稠油，经过我们的悬浮床一处理，几乎全部转化成了清洁的油品和高附加值化工品，没有结焦，没有沥青，排出来的固体就是这一点点催化剂残渣。

说实话，我内心非常自豪。三聚环保拥有超级悬浮床、脱硫剂等世界领先的核心技术，在石油化工、现代煤化工行业处于领军地位。

后来，三聚还进军生态农业，开发的农作物秸秆炭化还田—土壤改良技术，实现了农作物秸秆的资源化、高值化、规模化利用。采用这一技术路线，一方面解决秸秆直接还田难以腐化、影响农业生产的问题；另一方面可有效化解秸秆焚烧带来的大气污染问题，同时以生物质炭肥形式还田，可以最大限度地实现秸秆中的氮磷钾、微量元素以及生物质有机质的循环利用，减少化肥用量，提升农作物产量和品质，改良土壤环境，增加农民收入。

发明家爱迪生说过："我平生从来没有做出过一次偶然的发明，我的一切发明都是经过深思熟虑和严格试验的结果。"这句话深深激励着我。

创新的精神和文化已经成为三聚公司的灵魂，通过技术创新、商业模式创新，三聚不断地探索新领域、开发新业务，一次次打破发展的天花板，实现自我超越；而跨界思维和融合发展又使公司的创新如虎添翼，势不可挡。

有朝一日，三聚公司将成为世界上首屈一指的绿色能源公司，让"天蓝、水清、地沃、人善"的理想成为现实。

我们对此坚信不疑。

公司简介：

北京三聚环保新材料股份有限公司成立于1997年，是一家为能源清洁化及生产过程的环境友好提供产品、技术及服务的综合性能源服务公司，国家级高新技术企业。公司于2010年4月在深圳证券交易所上市(证券代码:300072)。上市以来，公司坚持技术创新、金融创新和商业模式创新，在铁基、钌基催化净化材料、生物质炭材料开发、MCT超级悬浮床技术开发等方面达到世界先进水平。公司为中国石油、中国石化及美国Eagleford油田和诸多能源与化工企业转型升级提供先进技术、产品和服务。2016年，公司携手多家石化、煤化与焦化企业成立了“中国环保化石新能源服务联盟”，实现了企业上下游协同发展。2015年，公司荣获“十二五”石化行

业最具创新力十佳企业称号，2016年荣获全国企业管理现代化创新优秀成果（国家级）一等奖。

主要从事催化剂、净化剂等能源净化产品的研发、生产和销售；为煤化工、石油化工、天然气化工等能源化工行业及油气田开采业提供成套的净化工艺、装备及成套服务，以及可循环使用的净化剂产品等能源净化综合服务；为煤化工、石油化工、天然气化工等企业提供产业转型升级、原料改造、尾气综合利用、环保治理等整体技术解决方案、项目总承包、方案实施及综合运营服务；为企业的清洁能源产品和精细化工产品提供低成本的生产、物流、销售的增值技术服务；提供重油、煤焦油等重质原料加工的专利技术许可、工艺包、核心装备、工程建造及相关技术服务；提供农作物秸秆等生物质综合循环利用生产碳基复合肥、土壤改良剂等产品的成套工艺、工程建造及运营服务。

未来，公司将秉承“天蓝、水清、地沃、人善”的发展理念，不断开发和推广环保新技术，努力成为世界一流的服务于能源、石油化工、现代煤化工的技术公司，成为世界领先的生物质利用和绿色能源与化学品公司。

发展大事件：

1997 年　6 月 3 日，林科、张杰、李冬共同出资注册成立了北京三聚化工技术有限公司（即三聚环保的前身），注册资本 10 万元，法定代表人为林科，开始从事新型脱硫剂，硫醇转化催化剂，SJ 分子筛等高科技产品的研究。

1998 年　3 月 12 日，三聚向中国专利局提交名称为“脱硫剂及其制备方法”的发明专利申请，申请号 98100754.6。同年 9 月 2 日，向中国专利局提交补充修改后的申请，专利申请号为 98117729.8；

5 月，JX-1 脱硫剂通过中国石化集团公司组织的部级鉴定；

12 月，JX-1 脱硫剂获中国石化集团公司 1998 年度科技进步奖并开始大规模推广应用。

1999 年　8 月 30 日，公司进行了第一次增资扩股，注册资本达到 50 万元。同时，建立了独立的、自有的研发中心，在北京奥林匹克中心租用研发办公及试验场所 200 平方米，研发队伍由大学教授、讲师、研究生、业内技术人员等组成，研发工程师达 11 人。

2000 年　6 月，公司第二次增资扩股，公司引入大股东“北京海淀科技发展有限公司”，注册资本增至 3000 万元，成立了第一届董事会，刘雷先生任董事长、法定代表人，员工人数达到 28 人。

2001 年　5 月，在门头沟区石龙工业区注册成立“北京三聚环保新材料有限公司第一分公司”，主要承担公司石龙生产基地的产品生产任务。

2002 年　2 月，公司与大庆研究院合作，接下生产气相醛加氢催化剂的订单，这是公司有史以来的最大订单，也是公司生产的第一个催化剂类产品。为完成该订单，公司自行设计、改造、购置生产设备，克服重重困难，顺利完成了近百吨气相醛加氢催化剂的生产。自此，公司开始进入了催化剂产品的生产领域。

2003 年　12 月 19 日，收购沈阳催化剂厂，设立沈阳凯特催化剂有限公司，取得沈阳市工商行政管理局核发的《企业法人营业执照》。公司从此正式进军催化剂生产制造行业，业务范围大幅拓展。

2013 年　3 月 4 日，公司主营业务逐渐从单一能源净化产品供应商向能源净化综合服务商转变。转变后的主营业务包括能源净化产品（剂种）和能源净化综合服务。能源净化综合服务是指为能源净化领域提供技术方案、成套设备、技术服务、工程服务。

2014 年　8 月 20 日，北京市知识产权局公布了北京市第六批“专利示范单位”获批企业名单，北京三聚环保新材料股份有限公司等 45 家企事业单位被认定为北京市“专利示范单位”。

2015 年　12 月 14 日，北京三聚环保新材料股份有限公司董事会发布了关于《五年发展战略规划纲要（2016—2020 年）》的公告，明确阐释了未来 5 年公司发展的战略思路和业务重点。

2016 年　2 月 21 日，北京三聚环保新材料股份有限公司和北京华石联合能源科技发展有限公司联合开发的中国首套自主开发的超级悬浮床装置一次性开车成功；

11 月 4 日，中央政治局委员、北京市委书记郭金龙，北京市代市长蔡奇，青海省委书记王国生，青海省省长郝鹏参观全国双创周三聚环保展区。

紫光展锐

用芯片领跑 5G 时代

主讲人介绍：

曾学忠，1996 年毕业于清华大学物理系，后获清华大学 EMBA 学位。2006 年起担任中兴通讯高级副总裁，分管中国区。期间在多个片区创造了营收近 10 亿的销售奇迹，被中兴内部称作“曾十亿”和“八大金刚”。也

因一张娃娃脸和随和的性格、谦虚稳健的工作态度，被称为“中兴大男孩”。

2017 年 4 月 27 日，紫光集团发布声明，曾学忠加盟紫光集团，任全球执行副总裁。2017 年 5 月 12 日下午，紫光股份召开第六届董事会第四十三次会议，会议宣布聘任曾学忠为紫光股份有限公司总裁。

2018 年 6 月，美国举行的 3GPP 会议上最终确定 5G 第一阶段标准，这有望成为 5G 主题的重要催化剂。我相信，在政府的鼓励支持以及移动物联网和互联网用户需求的驱动下，5G 通信技术将迎来良好的发展前景。现在，电信运营商、通信设备商以及芯片商为了抢占先机，无一例外开始采取措施部署 5G 通信技术。

那么，5G 到底是什么？它和现行 4G 的区别在哪里？

5G，准确来说是指“第五代移动电话行动通信标准”，指的是第五代移动通信技术，外语缩写：5G。从 2002 年国际电信联盟发布 3 标准以来，4G 已经广泛投入使用，而 5G 标准正在研发，预计 2020 年投入使用。

每一代移动通信技术的诞生和革新，带来的最直观的用户体验就是“快”。拿 4G 来举例，由于人们研究 4G 通信的最初目的就是提高蜂窝电话和其他移动装置无线访问 Internet 的速率，因此 4G 通信给人印象最深刻的特征莫过于它具有更快的无线通信速度。3G 的理论网速是 2.8 兆位每秒，4G 是 100 兆位每秒，实际上这一次升级，用户的手机网速比原来快了 30 多倍，百兆速度甚至超过了很多家庭的有线宽带网络的速率。

另一方面，从严格意义上说，从 4G 手机开始，手机已不能简单划归“电话机”的范畴。毕竟语音资料的传输只是 4G 移动电话的功能之一，因此未来 4G 手机更应该算得上是一只小型电脑了，而且 4G 手机从外观和式样上，会有更惊人的突破。人们可以想象眼镜、手表、化妆盒、旅游鞋……以方便和个性为前提，任何一件能看到的物品都有可能成为 4G

终端，只是人们还不知应该怎么称呼它。

4G 通信使人们不仅可以随时随地通信，更可以双向下载传递资料、图画、影像，当然还可以和从未谋面的陌生人网上联线对打游戏。也许有被网上定位系统永远锁定无处遁形的苦恼，但是与它据此提供的地图带来的便利和安全相比，这简直可以忽略不计。

参考 4G 的优势，我们显然能够预见，基于 5G 通信技术的手机会拥有更为强大的传输速率，而由此带来的更快的云计算能力，会让我们的手机变得更加智能，例如对菜单和滚动操作的依赖程度会大大降低。更重要的是 5G 手机可以实现许多难以想象的功能，它能根据环境、时间以及其他设定的因素来适时地提醒手机主人此时该做什么事，或者不该做什么事；可以根据图片的扫描结果直接搜索出图片中的物品信息；可以与使用者对话，并从其语义中推算出需要自身执行的任务……5G 手机，其实就是一台小型的人工智能机器人。

5G 标准如何制定——通讯圈子里的“三国演义”

准确地说，制定 5G 统一标准是包括电信设备制造商、运营商和手机厂商在内所有人期望的结果。原因也很简单，与其继续各自搞一套标准，不如在同一个框架下博弈，减少内耗。

从 2G 到 4G，通信标准一直都在上演着“三国演义”。

2G 时代，美国主推 CDMA，欧洲为了抗衡美国发展出 GSM，加上日本的 PHS，一共有三大标准。

3G 时代，美国在 CDMA 的基础上发展了 CDMA 2000，欧洲在 GSM

的基础上推出了 WCDMA，而中国自己推出的 TD-SCDMA 标准也登上了国际舞台，又是三个标准。

4G 时代，欧洲联合中国把美国挤出 4G 标准体系，欧洲的 LTE FDD 和中国的 TD-LTE 成为 4G 的两大标准。

标准太多有什么问题?

通信是一个全球化的场景，中国的手机可能需要拿到美国去用，也可能在中国需要和美国的手机进行通信。标准一多，就意味着手机生产商、电信运营商以及电信设备制造商要对不同的标准进行兼容，办一件事花多份钱的事情没人喜欢。

所以在 5G 时代，无论在国内还是国外，主流企业都有一个共同的心声：希望在 5G 阶段做一个全球统一的 5G 标准。哪怕是竞争，也要在“同一屋檐下”，避免各自为政的情况再次出现。

针对这个目标，中国无论是政府还是 IMT-2020 5G 推进组，对 5G 的工作都非常开放。例如英特尔也参与了我们国内的一些5G的技术试验，并且参与申报了很多国家项目。

事实上，5G 早已是一个“你中有我，我中有你”的时代。例如在高通主推的 LDPC 码上，中国企业有不少专利；同样地，华为主推的 Polar 码也并非华为一家垄断，高通在 Polar 码上也有相应的专利布局。区别只是在专利的多少，哪家厂商想彻底垄断必然会受到其他厂商的联合抵制。

芯片是通讯业发展的核心之一

未来十年将是数字的时代和智能的时代。数字时代的原动力是互联网、大数据和云计算，而芯片是这三大基础要素的支撑；半导体行业从PC 时代、互联网时代一直演进到移动互联网时代，未来则将进入 5G 和AI 时代，这些技术变革的驱动力也来自芯片。

未来 10 年不管地球如何变化，不管宇宙如何发展，都离不开沙子、都离不开芯片。钢铁是工业时代的基础，这是大家的共识，我想芯片就是数字时代的基础。”

世界是平的，未来全球半导体市场应当是平行发展，你中有我、我中有你，全球互为一体。因此，我们需要努力做到两点：一是自主创新，二是国际合作。没有自主创新，我们连国际合作的资格都没有。光靠国际合作，也解决不了中国成为平行发展核心典范的问题。所以，要靠双轮驱动。

核心技术靠化缘是化不来的，这是习近平总书记的观点。比较遗憾的是，中国在今天依然有很多公司靠化缘在这个行业里生存，我觉得这并不是我们半导体行业希望看到的现象。

比如，紫光展锐就是一个合作的典范。紫光集团是紫光展锐的大股东，与此同时，全球半导体行业的顶级巨头英特尔也是我们的重要股东，双方你中有我、我中有你，开展了深度合作。通过自主创新、通过深度合作，我们正在迈入高端，正在成为 5G 芯片的领导者。

2019 年紫光展锐将实现 5G 芯片的商用，在 2019 年年底将推出 8 核5G 芯片手机，这就是公司通过自主创新、通过国际合作带动整个产业的发展，带动国家半导体力量的发展。

最后，现在半导体行业非常热、非常火爆，很多人都想做芯片，我想提醒大家，我们行业非常喜欢、非常欢迎各种资源进入，但手机芯片是一个重资产、高投入、长周期的产业，希望投身半导体行业的资源、资本们，做好“板凳要坐十年冷”的心理准备。

公司简介：

紫光展锐公司是紫光集团旗下集成电路设计领域的核心企业，由展讯和锐迪科合并而成，现拥有近 5000 名员工，94％以上的员工为研发人员。公司致力于移动通信技术领域的自主创新，专注于无线终端核心芯片、专用软件和参考设计平台的研制开发，已形成 2G/3G/4G 移动通信技术基带、射频、处理器芯片，无线连接射频基带一体化 SoC 芯片，以及多媒体处理、电源管理芯片，涵盖了手机、平板电脑、车载终端等多类型移动智能终端，曾获得过一次“国家科技进步特等奖”、两次“国家科技进步一等奖”和一次“国家科技进步二等奖”。2017 年，紫光展锐全年实现营收超 100 亿元，占据全球手机基带芯片市场 27% 的份额，位列全球第 3；80% 芯片销往“一带一路”区域。未来 3 年，紫光展锐将围绕 5G，强化芯片产品发展，力争产品工艺紧跟国际先进水平，积极拓展行业市场，努力开拓人工智能产品。

发展大事件：

2013 年　紫光集团收购展讯通信公司。

2014 年　紫光集团迪科微电子公司。

2015 年　紫光集团与英特尔达成战略合作，英特尔向紫光展锐投资人民币 90 亿元。

2016 年　紫光展锐入驻厦门紫光科技园。

2018 年　紫光展锐携手英特尔在 2018 MWC 现场成功举办 5G 战略合作交流会。会议邀请了来自中国电信、中国移动、中国信通院、华芯投资、TCL、传音、海尔、海信、康佳等公司的领导及行业合作伙伴参与，分享了紫光展锐与英特尔在 5G 领域的战略愿景并深入探讨未来 5G 合作共赢的发展策略。

真格基金

创业者永远不是失败者

主讲人介绍：

徐小平，真格基金创始人，中国著名天使投资人。曾荣获“2010 年最受尊敬天使投资人”“2011 年度天使投资人”“2012 年最佳天使基金”“2013

年最佳天使投资人”“2013年中关村天使投资领军人物”等称号。

徐小平还担任中国天使会主席、中国青年天使会荣誉主席、中国证监会基金业协会天使投资专业委员会主席等职务，兼任欧美同学会2005委员会秘书长。他创立的真格基金在2014—2015年连续荣获清科集团“中国股权投资年度最佳天使投资机构”称号。

在创办真格基金之前，徐小平先生是中国最大教育培训机构——新东方教育科技集团的联合创始人，与俞敏洪、王强并称为新东方“三驾马车”。他在留学、教育、职业、创业等有关青年奋斗成长问题上的演讲、访谈和著述，对青年学生尤其是留学生群体有着广泛的影响。因为他在新东方的工作，徐小平先生在2006年被南方人物周刊评选为“中国魅力50人”之一，2004年入选福布斯杂志“中国名人榜Top 100”，2016年入选美国福布斯杂志“全球最佳创投人”榜单（Midas List）。

2013年9月底的时候，习近平总书记、李克强总理带着政治局班子到中关村，李彦宏、柳传志、雷军给他们做了汇报。这个意义重大，这证明最高领导对最底层的创业开始了前所未有的关注。10月8号我到上海参加创业周活动，习近平总书记给我们写了亲笔信，最高领导对大学创业如此重视，如此鼓励。后来李克强总理讲一个大学生毕业办书店遇到种种世俗的刁难，也讲要掀起平民创业、草根创业的浪潮。所以整个创业氛围、创业环境前所未有的好，大家一定要抓住机遇，要破除戒律，要打碎恐惧，勇敢地跳入创业的大潮里面去，这真是一个前所未有的创业的黄金时期。

当时大家知道的是政治局委员来中关村参观，不知道另一件事，中关村管委会的领导在这个活动结束以后去了真格投资的一家公司，他说我早就知道你们，我现在非常后悔的是没有向领导推荐你们这个项目。当时他们项目只有六七个人，开始了四五个月，但是他说这才是真正的中关村精神。中关村的领导说我明年如果有机会，一定要把你们推荐给全社会。这个创业机构已经有两年了，主创人是复旦毕业的，在布朗读了博士，在谷歌干了七八年。他做的产品叫作智能视频，是要在颠覆今日所有的安全监控系统的情况下，它依旧可以智能地、像人脑人眼一样判别。他能不能成功呢？不一定，他失败的概率要比他成功的概率高得多，但这就是中关村的精神，也是真正的创业家的精神。所以在这种情况下，每个人都应该把自己的想法发挥出来。整个创业的氛围，整个创业的观念，整个创业的条件，包括天使投资人，包括《创业家》，全社会对创业者现在是前所未有地好，所以大家一定要抓住这个机遇。

创业者永远不是失败者

创业者永远不是失败者，为什么？因为你只有转型，没有失败。当然只有放弃也没有失败，放弃是你选择了轻松愉快的工作，但你坚持下去，你总能找到你想要的，所以创业者不会失败，我们有无数这样的例子。如果真的失败了，几个哥们凑在一起又诞生一个伟大的企业，或者你加入一个企业，快速成长的企业，成为他们联合创始人，成为他们核心的创业者，所以创业是不会失败的。追求自己的梦想，实在不行，再去找一份工作也可以，干的差不多，再去创业。

我想讲讲最宝贵的，我很少说的，就是我自己创业的一些经历。大家看到马云成功，看到俞敏洪成功，有一次一个洋人在北大读中文，后来在真格基金做过一段工作，他说马克成功，使得我们整个一代人变得像侏儒一样。我说那你怎么看这个？我们唯一的就是要追求更高一点的目的。现在想想马云成功了，马云市值是马克的三倍，马云的成功，让一代创业者都变得像巨人一样。这个时代到来了，从党和国家领导人到那些草根创业者，一无所有的创业者走过的道路，我真的是要歌唱这个时代。

创业者最重要的素质是什么？

我自己创业的经历，可能会给大家带来一些思考。我在 22 岁的时候，公立大学还没开放，改革开放还没开始。我到大学读了两年书，没地方去。

那时候我在想什么？开个馄饨铺不可能，那是要管的，怎么办呢？就想到一个工厂里去打一份工。只有改革开放兴起了以后，我们才有了一个完全发挥自己创业野心的梦想。

后来中国大学开放，我考上了中国音乐学院，读了5年之后，我去了北大。27岁才到北大的我，第一个朋友就是俞敏洪。为什么呢？因为老俞22岁上大学，高考三次失败，在各大高考状元面前，我觉得终于遇到了知音。在北大俞敏洪说要干一件事，他要办一个杂志，我说天使投资在哪里？他说我妈妈是农民企业家，他准备拿一笔钱出来，老俞就从北大杂志开始，记入了历史。这个杂志他是不赚钱的，用现在时髦的话叫非营利机构，或者叫社会创业。但是就是这个杂志，打开了俞敏洪的社交圈和视野，还有对未来理想之路更高更远的追求。

在音乐学院五年期间，我就开始创业了，创什么业呢？我是音乐学系的，我在音乐学院发现一个市场需求，很多学校请我们讲如何欣赏印象派，如何欣赏歌剧，讲一次就有相当高的报酬，两块人民币，时间长了三块。俞敏洪在《中国合伙人》那个情节是很真实的，别人下海，我干吗？下饺子，这是一种变相的报酬。我们那时候一节课能够挣很高的工资，所以后来我们做了一件事。整个音乐学系21个人，包括现任中央音乐学院的院长，当时我们做了一个菜单，就是一个价目表，什么课，谁讲，多少钱，当时我们已经市场化了。在那个社会氛围下，其实我们已经开始创业。

这个故事告诉你们什么呢？创业万丈高楼平地起，创业做什么？做你最擅长的事。你看见了市场机会，那个市场就属于你。你一定要看到只有你能看到的东西，只有你这样的人才能看到的东西。并不是说徐老师，我们要一个机器人，你是搞这个的吗？美国人搞得特热门，我想搞这个，你学的是这个吗？你的同学、朋友，俞敏洪、王强是做这个的专家吗？我们已经开始了成功的创业，那时候有一个老师告诉我，小平你毕业了就干这件事，你就住在音乐学院旁边，把音乐学院这些老师，这些获奖的人组织起来，就到全国各地讲各种课。我后来到北大团委搞吉他班、京剧班、流行歌曲班、电子琴班。外国人教钢琴，同时讲英文，英文和音乐一起讲了，效果非常好。讲座、乐器、英语……这个业务就是顺藤摸瓜地走下去。这一切在于你能做什么，这是创业者应该要真正思考的问题。后来我们这个创业没有做下去。

后来到了北大，我有一个特别强烈的创业冲动，我们想搞一份杂志，介绍当代文化、艺术、思想、哲学、心理学的一个杂志，而且我为此付出了两年的时间。但是没有成功，为什么呢？现在想想，我来北大我最爱这个东西，我想做这个东西。但是出版这件事，它不仅要有思想，你还要找一个懂得出版的人，懂得发行的人，懂得印刷的人。《财经天下》《人物周刊》这些都跟我早期的投资有关系，但是做的人是什么人？京华时报的老总，南方日报的老总，是这些人在做。最后，当我在总结这个故事的时候，1996 年我回到新东方，立刻迅速腾飞，为什么呢？我有资源，这个资源就是北大学生的资源，俞敏洪这个资源，王强同学的资源。我住在新东方大楼的对面，我给学生做咨询的时候心里是紧张的，我凭什么决定人家的未来？去哪个学校，读什么专业，什么时候走还是不走？我在北大五年就是团委的干部，相当于学生活动中心的主任。所以我跟学生打过交道，既然指导过那些最优秀的青年学生，那么当我站在新东方咨询座位上的时候，我信心百倍。背后又有俞敏洪、王强的支持，所以就做了下去。

创业的三个重要问题

我想对于创业，你要怎么做，有三个东西：第一个问一下你会什么？第二你爱什么？第三就是你有什么资源？这三点你如果清楚了，如果跟别人不一样，就可以。目前最热的“90后”的榜样——北大法律系学生张天一做的是湖南米粉，他本科学的是外语法律，研究生读的是法律硕士，我说为什么做这个？他说我爱这个，我说你会这个吗？他说因为我爱这个，所以我就拿出我法学硕士的智商，来研究这个。我曾经说你是不是要请一个烹饪师？他说不，我就要把我心中所爱做出来，我说你到底爱什么东西？他说他爱的是家乡的滋味、母亲的滋味、童年的记忆。要知道我听了以后，当场说，我们投了。为什么呢？他使我想起了星巴克那个创始人，他到了西雅图看见卖咖啡机的人，就问你为什么不卖咖啡饮料呢？而那个人年龄已经大了，不想再冒险了，最后经过各种各样的波折，他终于把这个店给买了下来。他说我回到纽约，我就难以忘记那个咖啡的味道。麦当劳的创始人53岁卖纸杯的,卖到这个店里去，结果发现这个汉堡是如此美味。回到芝加哥就是忘不了这个东西，张天一就忘不了童年的滋味，这是真正创业的一个了不起的动力。后来我问他，我说你打算一辈子做这个吗？他说我不知道，不好说。但是我会继续把这个我所爱的事情做下去，一直做到让所有的湖南人、爱辣的人把我的面吃到山穷水尽,我说那好,我们投了。我相信他在全国能开一万家，先把常德占领，再把湖南占领，再把川湘、云贵占领，这是一个极其伟大的事业。

最后，我希望现在投身创业浪潮中的创业者们都能弄清楚以上三个问题，这些问题清楚后，真格基金将帮助你走出一条与众不同的奋斗之路。

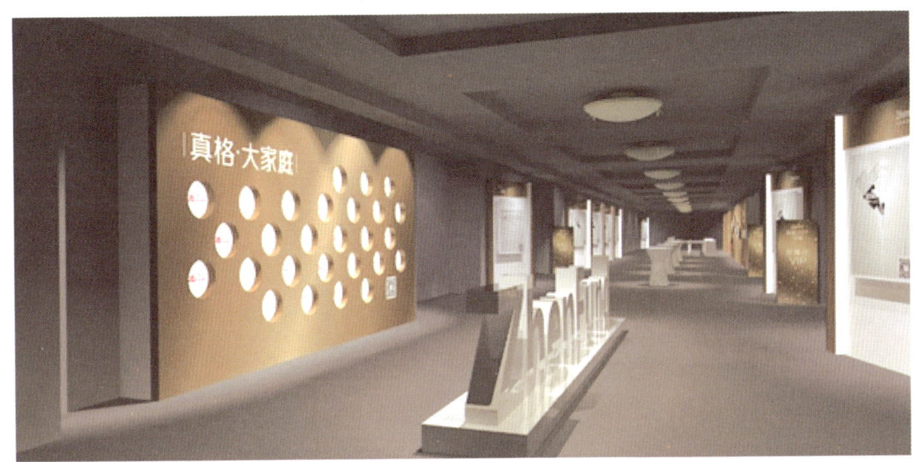

公司简介：

真格基金是由新东方联合创始人徐小平、王强和红杉资本中国基金在2011年联合创立的天使投资基金，旨在鼓励青年人创业、创新、创富、创造。新东方曾经为莘莘学子筑起出国深造的桥梁，真格基金希望能为海外学子搭建起归国创业的彩虹，侧重于但并不限于留学生创业。真格基金乐于帮助那些具备国际意识、懂真格的青年人实现他们的创业梦想。

真格基金专注于TMT行业，包括物联网、移动互联、游戏、企业软件、O2O、电子商务及教育培训等领域的种子期投资。世纪佳缘、兰亭集势、聚美优品、一起作业、找钢网、小红书、蜜芽、美莱网、罗计物流、大姨吗、51Talk等多家公司已经成为真格基金投资的明星企业。在“第十四届中国股权投资年度论坛”中，真格荣获2014年中国最佳天使投资机构奖；在清科集团“2015年度中国股权投资年度排名”榜单中获得中国天使投资机构30强第一名。

真格基金于2014年推出1页纸的Term Sheet，2015年推出2页纸的SPA，砍掉了许多制约创业者的条款，引发了业内的革新。真正优秀的人，才能创造伟大的企业。真格基金致力于发现最优秀的创业者，并为他们提供最好的资源，陪伴他们成功。真格的使命是为创业者插上翅膀。

发展大事记：

2005 年　新东方联合创始人徐小平、王强开始个人天使投资，投资世纪佳缘天使轮。

2011 年　新东方联合创始人徐小平、王强和红杉资本中国联合创造真格基金。

2014 年　真格基金开始广泛涉足 B 轮投资，直接参与 The ONE 智能钢琴、青年菜君、雷锋网和两个海外项目 Minerva Project、Talkray 的 B 轮投资，并获得清科“2014 年最佳天使投资机构奖”。

2015 年　真格基金获得清科集团“2015 年最佳天使投资机构”奖、新浪科技 2015 年度风云榜年度风云投资机构奖、21 世纪经济报道“2015 年度创新天使投资机构”等奖项。

2016 年　投资地平线机器人、ofo 共享单车及老虎证券。

2017 年　与东方网力、京山轻机、汤臣倍健、物灵科技、格灵深瞳以及奇点汽车共同发起了万象人工智能研究院。